MIX
Papier aus verantwortungsvollen Quellen
Paper from responsible sources
FSC® C105338

Thomas Piela

Theorie und Praxis variabler Vergütungssysteme in Banken

Eine Untersuchung am Beispiel der UBS AG

Diplomica Verlag GmbH

Piela, Thomas: Theorie und Praxis variabler Vergütungssysteme in Banken: Eine
Untersuchung am Beispiel der UBS AG. Hamburg, Diplomica Verlag GmbH 2014

Buch-ISBN: 978-3-8428-9083-1
PDF-eBook-ISBN: 978-3-8428-4083-6
Druck/Herstellung: Diplomica® Verlag GmbH, Hamburg, 2014

Bibliografische Information der Deutschen Nationalbibliothek:
Die Deutsche Nationalbibliothek verzeichnet diese Publikation in der Deutschen
Nationalbibliografie; detaillierte bibliografische Daten sind im Internet über
http://dnb.d-nb.de abrufbar.

Das Werk einschließlich aller seiner Teile ist urheberrechtlich geschützt. Jede Verwertung
außerhalb der Grenzen des Urheberrechtsgesetzes ist ohne Zustimmung des Verlages
unzulässig und strafbar. Dies gilt insbesondere für Vervielfältigungen, Übersetzungen,
Mikroverfilmungen und die Einspeicherung und Bearbeitung in elektronischen Systemen.

Die Wiedergabe von Gebrauchsnamen, Handelsnamen, Warenbezeichnungen usw. in
diesem Werk berechtigt auch ohne besondere Kennzeichnung nicht zu der Annahme,
dass solche Namen im Sinne der Warenzeichen- und Markenschutz-Gesetzgebung als frei
zu betrachten wären und daher von jedermann benutzt werden dürften.

Die Informationen in diesem Werk wurden mit Sorgfalt erarbeitet. Dennoch können
Fehler nicht vollständig ausgeschlossen werden und die Diplomica Verlag GmbH, die
Autoren oder Übersetzer übernehmen keine juristische Verantwortung oder irgendeine
Haftung für evtl. verbliebene fehlerhafte Angaben und deren Folgen.

Alle Rechte vorbehalten

© Diplomica Verlag GmbH
Hermannstal 119k, 22119 Hamburg
http://www.diplomica-verlag.de, Hamburg 2014
Printed in Germany

Inhaltsverzeichnis

Inhaltsverzeichnis I
Abkürzungsverzeichnis III
Abbildungsverzeichnis V
Tabellenverzeichnis VI
1.   Einleitung 1
1.1.   Problemstellung und Zielsetzung der Untersuchung 1
1.2.   Gang der Untersuchung 2
2.   Grundlegende Annahmen für materiell orientiertes Verhalten von Menschen 4
2.1.   Verhaltenswissenschaftliche Ansätze 4
        2.1.1. Motivationspsychologische Begrifflichkeiten mit besonderer Darstellung der extrinsischen Motivation 4
        2.1.2. Motivationstheoretische Ansätze mit Schwerpunkt auf die VIE-Theorie nach Vroom 7
2.2.   Betriebswirtschaftliche Ansätze 10
        2.2.1. Shareholder Value und Stakeholder Value - Ansätze 10
        2.2.2. Prinzipal-Agenten-Theorie und Moral-Hazard-Problematik 12
3.   Grundlagen leistungs- und erfolgsorientierter Vergütungssysteme in Banken 15
3.1.   Betriebliche Anreize und Anreizsysteme als Grundlage für Vergütungssysteme 15
3.2.   Anforderungen an leistungs- und erfolgsorientierte Vergütungssysteme 16
3.3.   Abgrenzung und Messung von Leistung und Erfolg 19
3.4.   Zusammensetzung und Höhe des variablen Anteils an der Gesamtvergütung . 23
3.5.   Zeitliche Ausrichtung der variablen Vergütungsbestandteile 26
4.   Vergütungssysteme im Bankensektor 29
4.1.   Spezifika von Banken 29
4.2.   Vergütungssysteme in Banken als Resultat der bankspezifischen Probleme vor der Finanzkrise 30

	4.2.1. Motive der variablen Vergütung in Banken	30
	4.2.2. Gesamtvergütung im Bankensektor bis zur Finanzkrise	32
4.3.	Fehlanreize in Banken als Ursache der finanzwirtschaftlichen Krisen seit 2007	35
4.4.	Internationale Standards und nationale gesetzliche Rahmenbedingungen für Vergütungssysteme in Banken	36
	4.4.1. Standards des Financial Stability Boards	36
	4.4.2. Nationale Umsetzung der FSB-Standards in Deutschland	38
4.5.	Aktuelle Vergütungsentwicklungen nach der Regulierung	41
4.6.	Zwischenfazit	45
5.	**Aktuelle Entwicklungen von Vergütungssystemen in Banken am Beispiel der UBS AG**	**46**
5.1.	Hintergrund und Zielsetzung der Einführung eines neuen Vergütungssystems in der UBS AG	46
5.2.	Untersuchung der Vergütungsentwicklung in der UBS	48
	5.2.1. Grundlegende Entwicklungstendenzen der Vergütung	49
	5.2.2. Untersuchung der überarbeiteten Vergütungspläne	52
5.3.	Kritische Würdigung der Ergebnisse	56
6.	**Fazit und Ausblick**	**58**
Literaturverzeichnis		**VII**
Internetquellenverzeichnis		**XIII**

Abkürzungsverzeichnis

ABS	Asset backed securities, zu dt. forderungsverbriefte Wertpapiere
AG	Aktiengesellschaft
BaFin	Bundesanstalt für Finanzdienstleistungsaufsicht
CHF	Schweizer Franken
CIPD	Chartered Institute of Personnel and Development
CRD	Capital Requirements Directive, zu dt. Richtlinie über Eigenkapitalanforderungen
DCCP	Deferred Contingent Capital Plan
EBIT	Earnings before interests and taxes, zu dt. Gewinn vor Zinsen und Steuern
EOP	Equity Ownership Plan
EP	Economic Profit, zu dt. wirtschaftlicher Gewinn
EPS	Earnings per share, zu dt. Gewinn je Aktie
ERG	Existence-Relatedness-Growth
EU	Europäische Union
EUR	Euro
Finma	Eidgenössische Finanzmarktaufsicht
FSB	Financial Stability Board, zu dt. Finanzstabilitätsrat
G-20	Gruppe der 20 wichtigsten Industrie- und Schwellenländer
InstitutsVergV	Institutsvergütungsverordnung
Mio.	Millionen
Mrd.	Milliarden
RAROC	Risk Adjusted Return on Capital, zu dt. risikoangepasste Kapitalrendite
RoAE	Return on Average Equity, zu dt. Rendite auf durchschnittliches Eigenkapital
ROC	Return on Capital, zu dt. Kapitalrendite

ROE	Return on equity, zu dt. Eigenkapitalrentabilität
RoTE	Return on Tangible Equity, zu dt. Rendite auf materielles Eigenkapital
USA	United States of America
USD	US-Dollar
VaR	Value-at-Risk, zu dt. Gefahrenwert
VIE	Valenz-Instrumentalitäts-Erwartung
VorstAG	Gesetz zur Angemessenheit der Vorstandsvergütung
WMA	Wealth Management Americas

Abbildungsverzeichnis

Abbildung 1: Bestimmungsgrößen menschlichen Verhaltens 4
Abbildung 2: Die VIE-Theorie 9
Abbildung 3: Übersicht über Anreize 15
Abbildung 4: Variabilität von Vergütungen 24
Abbildung 5: Variable Vergütung bei Führungskräften nach Hierarchieebenen 25
Abbildung 6: Komponenten der Gesamtvergütung 28
Abbildung 7: Durchschnittsbonus eines Bankmitarbeiters an der New Yorker Börse .. 33
Abbildung 8: Darstellung des EOP für Nicht-Konzernleitungsmitglieder 53
Abbildung 9: Darstellung des DCCP für Nicht-Konzernleitungsmitglieder 55

Tabellenverzeichnis

Tabelle 1: Übersicht über die Entwicklung der Vergütung in der UBS AG 51

1. Einleitung

1.1. Problemstellung und Zielsetzung der Untersuchung

Banken spielen für die heutige Weltwirtschaft eine zentrale Rolle, da sie als Finanzintermediäre auftreten und den notwendigen Ausgleich zwischen Kapitalbedarf und Kapitalangebot schaffen.[1] In keiner anderen Branche sind daher so große Auswirkungen - positive als auch negative - auf andere Industriezweige möglich. Dies haben vor allem die finanzwirtschaftlichen Krisen der letzten Jahre bewiesen.[2] Diese Probleme, ursprünglich aus dem Immobilienkreditgeschäft, haben sich rasant auf unterschiedlichste Wirtschaftszweige und Unternehmen auf der ganzen Welt ausgewirkt. Aufgrund dieser Entwicklungen standen Banken in den letzten Jahren besonders im Fokus der Öffentlichkeit und Medien.

Neben der Bank als Institution kommt aber vor allem den Mitarbeitern der Bank eine hohe Bedeutung zu, da diese direkt die Geschicke der Bank und indirekt so die Geschicke von Privathaushalten, Wirtschaftsunternehmen und sogar Staaten lenken können.[3] Umso erstaunlicher ist, dass auch in Zeiten der Finanzkrise sehr hohe leistungs- und erfolgsorientierte Vergütungen an Bankmitarbeiter gezahlt wurden, so der Vorwurf der Kritiker.[4] Immerhin galten Banken, und somit in erster Linie die Mitarbeiter der Banken, als Hauptverantwortliche für eine weltweite Rezession. Ein großer Widerspruch, auch mit politischer Brisanz, ist dabei von vielen neutralen Beobachtern empfunden worden.

Josef Ackermann, seinerzeit Vorstandsvorsitzender der Deutschen Bank, begründete 2009 die als zu hoch empfundenen Entlohnungen der Banker wie folgt:

„Ich bin überzeugter Anhänger der Marktwirtschaft und deshalb dagegen, Preise festzusetzen. Das gilt auch für Bezüge. Preise haben in einer Marktwirtschaft eine Lenkungsfunktion. Sie signalisieren Knappheiten und sorgen so für einen effizienten Einsatz der Ressourcen."[5]

---

[1] Vgl. Bitz, M., Stark, G. (2008), S. 4f.
[2] Vgl. Paul, S. (2012), S. 15ff.
[3] Vgl. ebd.
[4] Vgl. Bartmann, P./Buhl, H.U./Hertel, M. (2009), S. 20.
[5] Zitat nach Josef Ackermann in Spiegel Online (2009), S. 2.

Aufgrund dieser Einstellung entstand der Kritikpunkt gegenüber Mitarbeitern von Banken, dass diese in den letzten Jahren sehr hohe Risiken eingegangen sind, da sie lediglich ihre nächsten Bonuszahlungen vor Augen hatten.

Diese Konzentration auf den Bonus ist ausschließlich kurzfristiger Art, sodass ein langfristiges und nachhaltiges Geschäftskonzept in den Augen der Kritiker nicht möglich war.[6] Die Finanzkrise war demnach eine „self-fullfilling prophecy" unter den bis dato gegebenen Bedingungen.

Im Rahmen dieser Untersuchung sollen zwei Aspekte in diesem Kontext untersucht werden. Im ersten Teil wird dargestellt, welche Einflussfaktoren die Gestaltung eines leistungs- und erfolgsorientierten Vergütungssystems beeinflussen. Dazu wird auf der Basis von verhaltenswissenschaftlichen und betriebswirtschaftlichen Ansätzen die Theorie der Leistungs- und Erfolgsorientierung im Zusammenhang mit Vergütung dargestellt.

Die zweite zentrale Fragestellung lautet, inwieweit die theoretischen Annahmen der Vergütung in der Bankenpraxis Anklang gefunden haben. Hierzu soll auch überprüft werden, ob es einen echten Wandel der Vergütungssysteme während der finanzwirtschaftlichen Krise gab. Als idealer Praxisfall dient hierzu auch die Neueinführung eines Vergütungssystems bei der Schweizer Bank UBS AG in 2012. So soll untersucht werden, inwiefern das selbst genannte Ziel der höheren Nachhaltigkeit der Vergütung innerhalb der UBS AG erreicht worden ist.

1.2. Gang der Untersuchung

Ausgehend von der geschilderten Problematik der kurzfristigen Orientierung der Banken sollen in Kapitel 2 zunächst mögliche Ursachen für materiell orientiertes Verhalten von Menschen dargestellt werden. In 2.1. werden zunächst verhaltenswissenschaftliche Ansätze für materiell orientiertes Handeln dargestellt. Hierzu gehören im Gesamtkontext der Motivationspsychologie und Motivationstheorien die extrinsische Motivation sowie die VIE-Theorie nach Vroom als ausgewählte Prozesstheorie.

Des Weiteren werden betriebswirtschaftliche Ansätze in 2.2. dargestellt. Hierzu zählen die Differenzierung der Shareholder Value und Stakeholder Value-Ansätze sowie die Erklärung der Prinzipal-Agenten-Theorie und die Problematik des Moral Hazard.

---

[6] Vgl. Bartmann, P./Buhl, H.U./Hertel, M. (2009), S. 20.

Auf Basis dieser Annahmen werden in Kapitel 3 theoretische Grundlagen für ein Vergütungssystem vermittelt. Hierzu werden in 3.1. Anreize und Anreizsysteme dargestellt. Darauf aufbauend werden in 3.2. Anforderungen für Vergütungssysteme dargestellt. Anschließend wird in 3.3. eine Differenzierung der Begriffe Leistung und Erfolg vorgenommen sowie die Messung dieser beiden Größen charakterisiert. Die Zusammensetzung der Vergütung wird in 3.4. nach der Höhe und in 3.5 nach der zeitlichen Ausrichtung von bestimmten Vergütungsbestandteilen erläutert.

Nach der Darstellung der theoretischen Vorgaben für ein leistungs- und erfolgsorientiertes Vergütungssystem soll in Kapitel 4 überprüft werden, ob diese auch im Bankensektor angewendet werden. Hierzu werden in 4.1. zunächst Spezifika von Banken dargestellt und anschließend in 4.2. Vergütungssysteme als Resultat bankspezifischer Probleme vor der Finanzkrise geschildert. Dazu werden Motive für leistungs- und erfolgsorientierte Vergütungssysteme im Bankensektor dargestellt. Anschließend wird die daraus resultierende Vergütungspraxis in Banken bis zur Finanzkrise von 2007 erklärt. So werden in 4.3. Fehlanreize als eine der Ursachen für die Finanzkrise erläutert. In 4.4. wird beschrieben, wie internationale Institutionen und nationale Regierungen auf diese Entwicklung reagiert haben. In 4.5. wird überprüft, ob und wie sich der Bankensektor auf eine Neureglementierung der Vergütung eingestellt hat. In 4.6. werden die Ergebnisse zusammengefasst.

In Kapitel 5 wird die Frage beantwortet, inwiefern die Einführung eines neuen Vergütungssystems bei der UBS AG als ausgewählte Bank das selbst ernannte Ziel der höheren Nachhaltigkeit der Vergütung erreicht hat. Dazu wird in 5.1. beschrieben, warum gerade die UBS AG ein neues Vergütungssystem eingeführt hat und welche Ziele damit konkret verfolgt werden. In 5.2. erfolgt die eigentliche Untersuchung anhand allgemeiner Entwicklungstendenzen und der Darstellung der neuen Vergütungspläne. In 5.3. werden die Ergebnisse der Untersuchung kritisch beleuchtet.

In Kapitel 6 wird das Fazit der Untersuchung gezogen und die wichtigsten Erkenntnisse dargestellt. Ein möglicher Ausblick wird geschildet.

2. Grundlegende Annahmen für materiell orientiertes Verhalten von Menschen

2.1. Verhaltenswissenschaftliche Ansätze

2.1.1. Motivationspsychologische Begrifflichkeiten mit besonderer Darstellung der extrinsischen Motivation

Menschliches Verhalten wird von verschiedenen Faktoren beeinflusst. Um das Verhalten von Menschen in Unternehmen positiv bezüglich ihrer Leistung beeinflussen zu können, sind zunächst die verschiedenen Einflussfaktoren zu kennen.[7] Zu den Einflussfaktoren für das Verhalten von Menschen gehören die Faktoren „Situation" und „Person". „Situation" wird unterteilt in „Soziales Dürfen und Sollen" sowie „Situatives Ermöglichen". Der Faktor „Person", der in diesem Kapitel dargestellt wird, wird unterschieden in „Persönliches Können" und „Individuelles Wollen".[8]

Für die weitere Untersuchung wird das „Persönliche Können unterstellt. Unter „Individuellem Wollen" versteht die Psychologie die Begriffe Motivation und Volition.[9]

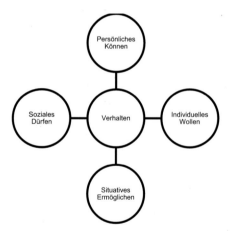

Abbildung 1: Bestimmungsgrößen menschlichen Verhaltens[10]

Einen interessanten Einstieg in die Motivation liefert der französische Schriftsteller Antoine de Saint - Exupéry:

---

[7] Vgl. Berthel, J./Becker, F.G. (2010), S. 25.
[8] Vgl. Kolb, M./Burkart, B./Zundel, F. (2010), S. 387.
[9] Vgl. Comelli, G./von Rosenstiel, L. (2009), S. V.
[10] In Anlehnung an: Kolb, M./Burkart, B./Zundel, F. (2010), S. 388.

„Wenn Du ein Schiff bauen willst, so trommle nicht Männer zusammen, um Holz zu beschaffen, Werkzeuge vorzubereiten, die Arbeit einzuteilen und Aufgaben zu vergeben, sondern lehre die Männer die Sehnsucht nach dem weiten, endlosen Meer".[11]

Dieser Satz veranschaulicht zwei Grundgedanken der Motivation. Zum einen sollen Menschen zu einem Handeln bewegt werden (von dem lateinischen Wort für bewegen = „movere"), zum anderen ist dieses Handeln auf bestimmte Ziele ausgerichtet.[12] Diese unterschiedlichen Ziele werden Motive genannt[13], sind personenbezogen und können zu gemeinsamen Klassen zusammen gefasst werden.[14] Neben den personenbezogenen Motiven sind die Situationen, in denen ein bestimmtes Verhalten erlebt wird, zu nennen. Wesentliche Merkmale dieser Situationen sind Anreize, die als Brücke zwischen Motiven und der Motivation gelten.[15] Wichtig ist, dass Anreize in Einklang mit den individuellen Motiven stehen. Das Produkt zwischen individuellen Merkmalen der Menschen, den Motiven und den Anreizen ist die Motivation.[16] Diese personen- als auch situationsbezogenen Elemente[17] sind für Unternehmen insofern entscheidend, da sie Aufschluss über Beweggründe von Einsatz und Leistung von Mitarbeitern geben.[18]

Bezüglich der Ursache für die Handlung wird zwischen intrinsischer und extrinsischer Motivation unterschieden.[19] Extrinsische Motivation bedeutet, dass ein Mensch aufgrund der Begleiterscheinungen der Arbeit zufrieden mit dieser ist.[20] Zu diesen Begleiterscheinungen gehört neben der Karriereaussicht, Sicherheit des Arbeitsplatzes und einer möglichen Strafe bei Nichterfüllung der Aufgabe vor allem die Vergütung als materieller Anreiz. Extrinsische Anreize spielen daher besonders bei der Gestaltung eines leistungs- und erfolgsorientierten Gehalts eine übergeordnete Rolle, da diese von einer stark extrinsischen Motivation der Mitarbeiter ausgehen. Extrinsische Anreize sind zweckzentrierte Anreize. Diese haben einen kurzfristigen Effekt.[21] Im Gegensatz

---

[11] Zitat nach Antoine de Saint - Exupéry in seinem Werk „Die Stadt in der Wüste", posthum veröffentlicht 1948
[12] Vgl. Comelli, G./von Rosenstiel, L. (2009), S. 1.
[13] Vgl. Scholz, C. (2011), S. 363.
[14] Vgl. Nerdinger, F.W./Blickle, G./Schaper, N. (2011), S. 394.
[15] Vgl. Bröckermann, R. (2012), S. 249f.
[16] Vgl. Nerdinger, F.W./Blickle, G./Schaper, N. (2011), S. 394.
[17] Vgl. Berthel, J./Becker, F.G. (2010), S. 47.
[18] Vgl. Nerdinger, F.W./Blickle, G./Schaper, N. (2011), S. 395.
[19] Vgl. Seitz, H. (2010), S. 29.
[20] Vgl. Nerdinger, F. W. (2003), S. 22.
[21] Vgl. ebd.

handelt es sich um intrinsische Motivation, wenn ein Mensch aufgrund der eigentlichen Tätigkeit motiviert ist.[22] Die Handlungen üben so einen tätigkeitszentrierten Anreiz auf den Handelnden aus.[23] Die Grundlagen für eine intrinsisch motivierte Tätigkeit sind, dass der Arbeitende:[24]

- die Tätigkeit als wichtig erachtet,
- sich für die Aufgabe verantwortlich fühlt und
- das Resultat der Arbeit kennt.

Ein Nachteil der extrinsischen Motivation ist der, dass Mitarbeiter, die in erster Linie extrinsisch motiviert sind, sich eher auf messbare Ziele wie z.B. Umsatz oder andere quantifizierbare Erfolgszahlen konzentrieren.[25] Ziel ist die Legitimation oder sogar Erhöhung ihrer materiellen Entlohnung. Intrinsisch motivierte Mitarbeiter achten eher auf eine gute Unternehmenskultur oder gute Beziehungen zu Kunden. Daraus wird ersichtlich, dass eher intrinsisch motivierte Mitarbeiter langfristig einer Bank förderlich sind, da gerade eine nachhaltige Beziehung zum Kunden langfristige positive Entwicklungen des Geschäftsergebnisses nach sich ziehen.

Intrinsische und extrinsische Motivation schließen sich nicht aus.[26] So ist es selbstverständlich, dass auch intrinsisch motivierte Mitarbeiter für ihre Leistungen bezahlt werden wollen. Intrinsisch motivierte Mitarbeiter sind langfristig effektiver, dennoch liegt der Fokus vieler Führungskräfte oft bei extrinsischer Motivation. Ein weiterer Nachteil ist, dass diese extrinsische Motivation die intrinsische Motivation verdrängen kann,[27] insbesondere wenn ein intrinsisch motivierter Mitarbeiter monetäre Anreize als Kontrolle wahrnimmt.[28]

Für leistungs- und erfolgsorientierte Vergütungssysteme ist festzuhalten, dass sich diese bei intrinsisch motivierten Mitarbeitern unter bestimmten Bedingungen negativ auswirken können.[29]

---

[22] Vgl. Scherm, E./Süß, S. (2010), S. 151.
[23] Vgl. Rheinberg, F. (2008), S. 140 ff
[24] Vgl. Nerdinger, F. W. (2003), S.23.
[25] Vgl. Frey, B.S./Osterloh, M. (2002), S. 35f.
[26] Vgl. Meifert, M.T./von der Linde, B./von der Heyde, A. (2010), S. 121.
[27] Vgl. ebd.; Frey, B.S./Osterloh, M. (2002), S. 26ff.
[28] Vgl. Oechsler, W.A. (2011), S. 343.
[29] Vgl. Oechsler, W.A. (2011), S. 344.

2.1.2. Motivationstheoretische Ansätze mit Schwerpunkt auf die VIE-Theorie nach Vroom

Die moderne Motivationsforschung beschäftigt sich mit verschiedenen Theorien. Dabei wird unterschieden zwischen den Inhaltstheorien und den Prozesstheorien.[30]

Die Inhaltstheorien befassen sich mit der Fragestellung, durch was ein Mensch tatsächlich zur Arbeit motiviert wird.[31] Sie setzen sich schwerpunktmäßig mit Bedürfnissen sowie Be- und Entlohnungen auseinander.[32] Bedürfnisse treiben den Menschen an und führen zum Handeln. Zu den bekanntesten Inhaltstheorien gehören die Bedürfnishierarchie nach Maslow, die ERG-Theorie nach Alderfer sowie die Zwei-Faktoren-Theorie nach Herzberg.

Die Theorie nach Maslow ordnet die verschiedenen Bedürfnisse eines Menschen in eine Bedürfnishierarchie, oft dargestellt als Bedürfnispyramide.[33] Bedürfnisse der Selbstaktualisierung dienen als höchstes Ziel.[34] Maslow geht davon aus, dass ein Bedürfnis der höheren Hierarchie nur erfüllt sein kann, wenn das darunter liegende Bedürfnis erfüllt ist.[35] Dies bezeichnet er als Rangfolgethese. Leistungsorientierte Vergütungssysteme können mit Maslow nicht erklärt werden, da nicht materielle Anreize, sondern Werte und der Lebenssinn im Fokus stehen.[36]

Alderfer entwickelte die Theorie nach Maslow weiter zur sog. ERG-Theorie (Existence-Relatedness-Growth-Theorie).[37] Er fasste die Bedürfnisse nach Maslow speziell für Mitarbeiter in Organisationen in drei Kategorien zusammen:[38]

1. Existenzbedürfnisse (physiologische Bedürfnisse, aber auch finanzielle und nicht-finanzielle Be- und Entlohnungen),
2. Beziehungsbedürfnisse (Zugehörigkeit sowie Wertschätzung durch andere) und
3. Wachstumsbedürfnisse.

---

[30] Vgl. Hentze, J./Graf, A./Kammel, A./Lindert, K. (2005), S. 111.
[31] Vgl. Oechsler, W.A. (2011), S. 334.
[32] Vgl. Weinert, A. B. (2004), S. 190.
[33] Vgl. Oechsler, W.A. (2011), S. 334.
[34] Vgl. Weinert, A. B. (2004), S. 191.
[35] Vgl. Scholz, C. (2011), S. 373.
[36] Vgl. Scheffer, D./Heckhausen, H. (2010), S. 58f.
[37] Vgl. Oechsler, W.A. (2011), S. 335.
[38] Vgl. Weinert, A. B. (2004), S. 193.

Diese neue Ordnung geht nicht mehr von der Rangfolgethese aus. Ferner ist neu, dass die Nicht-Befriedigung der oberen Bedürfnisse zur Frustration führt, sodass die niederen Bedürfnisse blockiert werden können. Doch auch bei Alderfer sind materielle Anreize nicht die wesentlichen Faktoren, sodass diese sich nicht für die nähere Betrachtung als Grundlage leistungsorientierter Vergütung eignen.

Herzberg stellte in seiner Zwei-Faktoren-Theorie die These auf, dass es nur zwei verschiedene Arten von Bedürfnissen gibt.[39] Dies sind zum einen die sog. Motivatoren, zum anderen die sog. Hygienefaktoren.[40] Motivatoren wie z.B. Leistung und Arbeit sind intrinsische Faktoren und erzielen bei positiver Ausprägung Arbeitszufriedenheit, bei negativer Ausprägung keine Arbeitszufriedenheit. Hygienefaktoren als extrinsische Faktoren wie die Entlohnung und Arbeitsbedingungen verhindern bei positiver Ausprägung Unzufriedenheit, bei negativer Ausprägung führen sie zu Unzufriedenheit. Für die Ausgestaltung eines leistungsorientierten Vergütungssystems ist diese Theorie genauso wie die anderen Inhaltstheorien nicht dienlich, da auch Herzberg den intrinsischen Faktoren eine größere Bedeutung zuspricht.[41]

Im Vergleich zu den dargestellten Inhaltstheorien beschäftigt sich die Forschung in den Prozesstheorien damit, wie bestimmte Motivationsprozesse ablaufen.[42] Im Mittelpunkt stehen die kognitiven Prozesse von Mitarbeitern in Unternehmen[43] sowie die Erwartungen des Verhaltens der Mitarbeiter hinsichtlich ihrer Ziele.[44] Es wird unterstellt, dass sie Urteile fällen, bevor sie ihre Handlungen ausführen. Dieser Umstand macht Prozesstheorien für die Ausgestaltung von leistungsorientierten Vergütungssystemen besonders interessant.

Die wichtigste und bekannteste ist die VIE-Theorie nach Vroom.[45] Daher beschränkt sich diese Untersuchung auf diese Theorie. V steht für Valenz, I für Instrumentalität und E für Erwartung. Diese drei Größen sind laut Vroom multiplikativ miteinander verbunden und müssen daher alle vorhanden sein, damit Motivation vorliegt.[46]

---

[39] Vgl. Weinert, A. B. (2004), S. 197.
[40] Vgl. Oechsler, W.A. (2011), S. 336f.
[41] Vgl. Nerdinger, F. W./Blickle, G./Schaper, N. (2011), S. 398.
[42] Vgl. Oechsler, W.A. (2011), S. 339.
[43] Vgl. Weinert, A. B. (2004), S. 205.
[44] Vgl. ebd.
[45] Vgl. Nerdinger, F. W./Blickle, G./Schaper, N. (2011), S. 401.;Scherm, E./Süß, S. (2010), S. 153.
[46] Vgl. Berthel, J./Becker, F.G. (2010), S. 58.

Mit Valenz meint Vroom den subjektiven Erwartungswert einer Handlung. Ein Mensch versucht Handlungsfolgen mit positiver Valenz zu erreichen, diejenigen mit negativer Valenz zu vermeiden.[47]

Instrumentalität bedeutet, dass ein Mensch eine bestimmte Handlung auswählt, um ein Ziel zu erreichen. Als Instrument wird daher die Handlung an sich bzw. das Ausführen oder Unterlassen der Handlung verstanden.[48]

Unter Erwartung versteht Vroom zwei verschiedene Erwartungen: Ein Mensch erwartet zum einen, dass ihn seine Handlungen zum Ziel führen, zum anderen wird sein Bemühen zu höherer Leistung führen.[49] Die Erwartung ist also differenzierbar zwischen Handlungs-Ergebnis-Erwartung (auch Handlungsergebnis genannt) und Ergebnis-Folge-Erwartung (die sog. Handlungsfolge).[50]

Abbildung 2: Die VIE-Theorie[51]

Der Mitarbeiter hat eine Auswahlsituation, da sein Ziel auf unterschiedlichen Wegen erreicht werden kann. Vroom erklärt dies anhand der Begriffe „Resultat der ersten Ebene" und „Resultat der zweiten Ebene".[52] Das „Resultat der ersten Ebene" entspricht der ausgewählten Handlung, um das Ziel zu erreichen, während das „Resultat der zweiten Ebene" das Ziel definiert. Die Motivation ist daher die Funktion:[53]

1. seiner Erwartung, dass ein bestimmtes Resultat dank seines Verhaltens erreicht wird und
2. der Valenz bzw. Wichtigkeit, die das Ergebnis für ihn hat.

---

[47] Vgl. Weinert, A. B. (2004), S. 205.
[48] Vgl. Beckmann, J./Heckhausen, H. (2010), S. 138.
[49] Vgl. Weinert, A. B. (2004), S. 206.
[50] Vgl. Holtbrügge, D. (2010), S. 21.
[51] In Anlehnung an: Nerdinger, F. W./Blickle, G./Schaper, N. (2011), S. 402.
[52] Vgl. Jung, H. (2011), S. 399.
[53] Vgl. Weinert, A. B. (2004), S. 206.

Anhand dieser Theorie nach Vroom lassen sich für die Ausgestaltung eines leistungsorientierten Vergütungssystems in Banken folgende Bedingungen der Arbeitsleistung für einen Bankmitarbeiter aufstellen:[54]

1. Der Bankmitarbeiter erkennt eine hohe Wahrscheinlichkeit, dass seine Bemühung zu einer erhöhten Arbeitsleistung z.b. einer hohen Abschlussquote von Bankprodukten führt.
2. Er erkennt weiterhin eine hohe Wahrscheinlichkeit, dass seine erhöhte Arbeitsleistung, z.B. die hohe Abschlussquote, zu einem gewünschten Ziel führt, also einem hohen Bonus für den Abschluss von Produkten.
3. Er bewertet dieses Ziel, also den Bonus als materiellen Wert, positiv.

Kritisch an der VIE-Theorie ist die ausschließlich rationale Denkhaltung[55] sowie das Ignorieren möglicher Einflussfaktoren auf Erwartungen wie z.b. frühere Erfahrungen des Mitarbeiters oder der auf ihn ausgeübte Führungsstil.[56] Durch das Handlungsergebnis intrinsisch motivierte Mitarbeiter werden ebenfalls nicht beachtet.[57] Da der Fokus in dieser Arbeit aber auf den extrinsischen Faktoren liegt, ist die VIE-Theorie für diese Untersuchung gut geeignet. Außerdem ist das Individuum, also der Bankmitarbeiter in dieser Untersuchung, nach der VIE-Theorie Nutzenmaximierer.[58] Dieser Aspekt spielt besonders für betriebswirtschaftliche Erklärungsansätze menschlichen Verhaltens eine wichtige Rolle.

2.2. Betriebswirtschaftliche Ansätze

2.2.1. Shareholder Value und Stakeholder Value - Ansätze

Die Untersuchung von leistungsorientierten Vergütungssystemen erfordert zunächst die Beantwortung der Frage, an wessen Nutzen sich die Leistung richten soll. Dabei wird zwischen den zwei Ansätzen Shareholder Value und Stakeholder Value unterschieden.[59]

Shareholder eines Unternehmens sind dessen Anteilseigner und Eigenkapitalgeber.[60] Bei Banken mit der Gesellschaftsform der Aktiengesellschaft sind dies demnach die Aktionäre der Bank. Die Unternehmensleitung der Bank ist nach dem Shareholder-

---

[54] Vgl. Weinert, A. B. (2004), S. 207.
[55] Vgl. Holtbrügge, D. (2010), S. 23.
[56] Vgl. Weinert, A. B. (2004), S. 207.
[57] Vgl. Ridder, H.-G. (2007), S. 296.
[58] Vgl. Oechsler, W.A. (2011), S. 341.
[59] Vgl. Leu, D. (2005), S. 4.
[60] Vgl. Rappaport, A. (1999), S. 1f.

Ansatz verpflichtet, den Nutzen für die Aktionäre zu maximieren.[61] Alle Entscheidungen innerhalb des Unternehmens sind daher darauf auszurichten.[62] Der Shareholder Value definiert sich als (Markt-)Wert des Eigenkapitals.[63] Dies ist i.d.R. der Börsenwert des Unternehmens. Ziel des Shareholder Value-Ansatzes ist, ausschließlich den Eigenkapitalwert des Unternehmens zu steigern bzw. das eingesetzte Kapital maximal zu verzinsen.[64] Die Anwender dieses Konzeptes argumentieren, dass die Eigentümer das volle Verlustrisiko des Unternehmens tragen und daher die Entscheidungen von ihnen getroffen werden sollten.[65] Dies wird als Residualanspruch an das Unternehmen bezeichnet, da - anders als bei Fremdkapitalgebern oder Lieferanten - die Zahlungsansprüche nicht vertraglich gesichert sind.[66] Der Shareholder Value-Ansatz hat in den vergangenen Jahren eine negative Facette erhalten. Grund dafür ist, dass bei besonderer Berücksichtigung der Interessen der Anteilseigner eine Vernachlässigung oder sogar Schädigung anderer Anspruchsgruppen des Unternehmens vermutet wird.[67] Auch wird kritisiert, dass bei der Fokussierung auf den Shareholder Value der Erfolg ausschließlich kurzfristig und nicht an der Nachhaltigkeit gemessen wird, da eine geeignete Messbarkeit fehlt und falsche Anreize gesetzt werden.[68] Dies ist mitentscheidend für den Aufbau eines leistungs- und erfolgsorientierten Vergütungssystems und wird daher im weiteren Verlauf der Arbeit untersucht.

Im Gegensatz dazu verfolgt der sog. Stakeholder Value-Ansatz die Berücksichtigung aller Anspruchsgruppen eines Unternehmens. Hierzu gehören neben den Eigenkapitalgebern Fremdkapitalgeber, Mitarbeiter, Kunden, Lieferanten und der Staat.[69] Dabei darf keine Anspruchsgruppe übervorteilt werden. Interessenunterschiede sollen in Verhandlungen ausgeräumt werden.[70] So ist laut dem Stakeholder Value-Ansatz die gleiche Behandlung aller Gruppen durch die Unternehmensleitung gewährleistet. Die Sichtweise dieses Ansatzes ist langfristiger orientiert.[71]

---

[61] Vgl. Mensch, G. (2008), S. 236.
[62] Vgl. Wöhe, G./Döring, U. (2008), S. 55.
[63] Vgl. Holzamer, M. (2004), S. 22.
[64] Vgl. Bontrup, H.-J. (2008), S. 72.
[65] Vgl. Wöhe, G./Döring, U. (2008), S. 57 f.
[66] Vgl. Velthuis, L.J./Wesner, P. (2005), S. 49.
[67] Vgl. Velthuis, L.J./Wesner, P. (2005), S. 50.
[68] Vgl. von Eckardstein, D./Konlechner, S. (2008), S. 23.
[69] Vgl. Bontrup, H.-J. (2008), S. 154.
[70] Vgl Wöhe, G./Döring, U. (2008), S. 55ff.
[71] Vgl. Berthel, J./Becker, F.G. (2010), S. 5.

Wesentlicher Kritikpunkt des Stakeholder Value- Ansatzes ist die Heterogenität der Stakeholder-Interessen und die damit verbundene Differenzierung von Erfolgskriterien für das Unternehmen.[72]

In der Praxis orientieren sich Unternehmen i.d.R. nach dem Shareholder Value-Ansatz. Ein weiterer Grund dafür ist neben dem bereits erwähnten Residualanspruch, dass die Stakeholder durch den Wettbewerb und durch gesetzliche Rahmenbedingungen bereits zur Genüge geschützt sind.

Für Vergütungssysteme bedeutet dies, dass die Leistungs- und Erfolgsmessung dadurch oft zu kurzfristig ist.

2.2.2. Prinzipal-Agenten-Theorie und Moral-Hazard-Problematik

Eine der am häufigsten benutzten betriebswirtschaftlichen Erklärungsansätze leistungs- und erfolgsorientierter Vergütungssysteme ist die Prinzipal-Agenten-Theorie.[73] Kern dieser Theorie ist die Vertragsbeziehung zwischen einem Auftraggeber, dem sog. Prinzipal, und einem Auftragnehmer, dem sog. Agenten, an den bestimmte Aufgaben delegiert wurden.[74] Dieser hat nun seine Fähigkeiten, Kompetenzen, Informationsvorsprünge etc. zu nutzen, um für den Prinzipal einen Vorteil zu generieren. Als Anreiz erhält der Agent eine Entlohnung.[75] Beispiele für solche Beziehungen sind Arbeitgeber-Arbeitnehmer-Beziehungen und Unternehmenseigentümer-Geschäftsführer-Beziehungen.[76] Im Bankensektor und somit Untersuchungsgegenstand dieser Arbeit ist dies vor allem die Beziehung zwischen der Bank als Arbeitgeber zu dem Bankmitarbeiter. Ferner ist auch die Beziehung des Kunden zum Bankmitarbeiter unter diesem Gesichtspunkt zu betrachten, worauf im späteren Lauf der Untersuchung eingegangen wird.

Die Prinzipal-Agenten-Theorie geht davon aus, dass beide Vertragspartner versuchen werden, ihren ganz persönlichen Nutzen zu maximieren.[77] Aufgrund der Unkenntnis über zukünftige Ereignisse und wegen fehlender Informationen gibt es unpräzise formulierte und lückenhafte Passagen innerhalb der Verträge, die beide auszunutzen versuchen.[78] Dies wird als bewusstes opportunistisches Verhalten bezeichnet. Das Problem

---

[72] Vgl. von Eckardstein, D./Konlechner, S. (2008), S. 23.
[73] Vgl. von Eckardstein, D. (2001), S. 13.
[74] Vgl. Hentze, J./Kammel, A. (2001), S. 34.
[75] Vgl. Breisig, T. (2003), S. 69.
[76] Vgl. Berthel, J./Becker, F.G. (2010), S. 46.
[77] Vgl. Mankiw, N.G/Taylor, M.P. (2011), S. 574.
[78] Vgl. Saam, N.J. (2002), S. 12.

der Ausnutzung ist auch als Moral-Hazard-Problematik bekannt[79] und hat starke Parallelen zur VIE-Theorie nach Vroom.[80]

Dieses Problem wird dadurch verstärkt, dass die Vertragspartner nicht über den gleichen Informationsstand verfügen, da der Agent klassischerweise besser informiert ist.[81] Dies wird als Informationsasymmetrie oder auch als Agenturproblem bezeichnet. Diese werden aus der Sicht des Prinzipals unterschieden in:[82]

- Hidden characteristics: vor Vertragsabschluss kommuniziert der Agent Qualifikationsmerkmale falsch. So macht ein Arbeitnehmer z.B. im Bewerbungsgespräch falsche Angaben bezüglich seiner Fähigkeiten.
- Hidden intentions: nach Vertragsabschluss setzt der Agent Absichten um, die dem Prinzipal schaden. Beispielsweise schädigt ein Mitarbeiter seinen Arbeitgeber, indem er bewusst falsche Entscheidungen trifft. Die Absicht dafür hatte er bereits vor seiner Einstellung. Hier wird deutlich, dass die Interessen von Arbeitgebern und Arbeitnehmern korrelieren müssen.
- Hidden knowledge: nach Vertragsabschluss erhält der Agent spezielles Wissen, welches er für sich persönlich einsetzt und gegenüber dem Prinzipal verschweigt. So gibt z.B. ein Bankmitarbeiter neues Wissen über besondere Kunden nicht weiter.
- Hidden action: der Prinzipal kennt nur das Ergebnis der Leistung des Agenten, nicht aber seine Handlungen und Leistungen an sich. Zum Beispiel tätigt ein Mitarbeiter etwas, das dem Unternehmen schadet.

Diese machen deutlich, welche Risiken in der Arbeitsvertragsbeziehung zwischen einer Bank und einem Bankmitarbeiter existieren. So kann ein Bankmitarbeiter trotz Kenntnis hoher Risiken durch z.B. eine schlechte Bonität eines Kunden diese verschweigen und trotzdem in diese risikoreichen Geschäfte investieren.[83] Dies ist insbesondere dann möglich, wenn er am kurzfristigen und nicht am langfristigen Ergebnis gemessen wird.

---

[79] Vgl. Mankiw, N.G/Taylor, M.P. (2011), S. 574.
[80] Vgl. Oechsler, W.A. (2011), S. 341.
[81] Vgl. Scherm, E./Süß, S. (2010), S. 118.
[82] Vgl. Nolte, B. (2006), S. 47f.; Saam, N.J. (2002), S. 28ff.
[83] Vgl. Mankiw, N.G/Taylor, M.P. (2011), S. 575.

Die Lösung dieser Problematik liegt in der Ausgestaltung von Informations- und Kontrollmechanismen[84] sowie durch Anreizsysteme mit variabler Vergütung.[85] Durch Informationsmechanismen sollen die dargestellten Informationsasymmetrien abgebaut werden. Beispiele sind Budgetierungs- und Dokumentationssysteme.[86] Zusätzlich werden diese durch Kontrollmechanismen ergänzt. Informations- und Kontrollmechanismen sind mit z.T. hohen Agenturkosten verbunden.[87] Zu diesen Agenturkosten gehören neben der Vergütung des Agenten Überwachungskosten des Prinzipals, Bindungskosten des Agenten sowie der als Residualverlust bekannte Wohlfahrtsverlust des Prinzipals.[88] Je höher diese Kosten, desto attraktiver wird der Aufbau von Anreizsystemen.[89] Dies ist auch darin begründet, dass Informations- und Kontrollmechanismen dem Agenten keinen Wert stiften, sich besonders für den Prinzipal zu engagieren. Ihre Hauptaufgabe ist lediglich, Fehlverhalten des Agenten zu vermeiden.

Anreizsysteme sollen jedoch den Nutzen des Prinzipals und den des Agenten vereinen, sodass dieser sich besonders positiv einsetzt.[90] Um diesen Effekt positiv beeinflussen zu können, muss die Leistungsbeurteilung des Agenten messbar und kalkulierbar sein. Der Agent kann so eine höhere variable Vergütung einfordern, da sich die Risikoverteilung zu seinen Ungunsten verändert.[91] Die Kosten einer Einführung von Anreizsystemen sind im Vergleich zu den Agenturkosten gering, da aufgrund der gleichen Zielsetzung von Prinzipal und Agent kein hoher Kontroll- und Informationsbedarf besteht. Wichtig ist aber, dass die sich deckenden Zielsetzungen beider Vertragspartner langfristig und nachhaltig ausgerichtet sind.

Ein Problem bei der Einführung von variabler Vergütung zur Vermeidung von höheren Agenturkosten ist aber das bereits dargestellte Verdrängungsproblem der intrinsischen Motivation.[92]

---

[84] Vgl. Ebers, M./Gotsch, W. (2006), S. 262.
[85] Vgl. Berthel, J./Becker, F.G. (2010), S. 46.
[86] Vgl. Saam, N.J. (2002), S. 32.
[87] Vgl. ebd.
[88] Vgl. Ebers, M./Gotsch, W. (2006), S. 262.
[89] Vgl. Saam, N.J. (2002), S. 31.
[90] Vgl. Ebers, M./Gotsch, W. (2006), S. 265.
[91] Vgl. Ebers, M./Gotsch, W. (2006), S. 265; Saam, N.J. (2002), S. 31f.
[92] Vgl. Berthel, J./Becker, F.G. (2010), S. 561f.

3. Grundlagen leistungs- und erfolgsorientierter Vergütungssysteme in Banken

3.1. Betriebliche Anreize und Anreizsysteme als Grundlage für Vergütungssysteme

Die Betriebswirtschaftslehre bezeichnet einen Anreiz als wichtiges Instrument zur Führung und Motivation von Mitarbeitern.[93] Insofern werden Anreize als Teil des Managementkonzepts gesehen und eingesetzt, um betriebliche Ziele zu erreichen.[94] Es wird unterschieden zwischen materiellen Anreizen und immateriellen Anreizen, die nicht quantifizierbar sind.[95] Materielle Anreize lassen sich in monetäre und monetär bewertbare Anreize unterteilen. Monetäre bzw. finanzielle Anreize, mit denen sich diese Untersuchung beschäftigt, lassen sich in fixe und variable Bestandteile teilen.

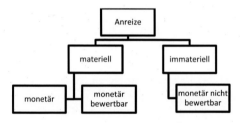

Abbildung 3: Übersicht über Anreize[96]

Anreizsysteme sind mehr als die Summe von Anreizen. Vielmehr sind Anreizsysteme die Summe von Arbeitsbedingungen, die durch positive Anreize bestimmte Verhaltensweisen auslösen (z.B. die höhere Leistungsbereitschaft eines Mitarbeiters) und durch negative Anreize bestimmte Verhaltensweisen mindern (z.B. das Fehlverhalten eines Mitarbeiters).[97]

Vergütung ist ein materieller Anreiz und bezeichnet den monetär bewertbaren Gegenwert, den ein Arbeitnehmer im Rahmen der beruflichen Arbeit für die Erledigung seiner Aufgaben von seinem Arbeitgeber erhält.[98] Rechtliche Grundlage dieser beruflichen

---

[93] Vgl. Olfert, K. (2012), S. 315.
[94] Vgl. Berthel, J./Becker, F.G. (2010), S. 536.
[95] Vgl. Kolb, M./Burkart, B./Zundel, F. (2010), S. 402.
[96] Quelle: eigene Darstellung
[97] Vgl. Berthel, J./Becker, F.G. (2010), S. 536f.
[98] Vgl. Berthel, J./Becker, F.G. (2010), S. 540f.

Tätigkeit bildet der Arbeitsvertrag.[99] Es existiert eine Vielzahl von Synonymen für den Begriff der Vergütung z.B. Entlohnung, Entgelt etc.[100]

Ein Vergütungssystem ist somit die Summe aller monetären und monetär bewertbaren Leistungen, die der Arbeitnehmer von seinem Arbeitgeber für seine Leistungen erhält.[101] Ein Vergütungssystem fungiert so als betriebliches Anreizsystem.[102] Zielsetzung eines Vergütungssystems besteht darin, unter Kenntnis der dargestellten Erklärungsansätze für menschliches Verhalten die Mitarbeiter zu mehr Leistungsbereitschaft zu motivieren und eine höhere Leistungserbringung zu honorieren.[103] Hierfür ist es möglich, neben der festen Grundvergütung und Zusatzleistungen auch einen variablen Vergütungsanteil zu zahlen, dessen Untersuchung Schwerpunkt dieser Arbeit ist. Synonym für variabel ist hier leistungs- und erfolgsorientiert. Die genaue Abgrenzung dieser beiden Begriffe wird im weiteren Verlauf vorgenommen.

Um die Anreize für Mitarbeiter optimal zu setzen und wegen der daraus resultierenden Wichtigkeit für Mitarbeiter und Unternehmensführung, werden mehrere Basisanforderungen an variable Vergütungssysteme gestellt.[104]

3.2. Anforderungen an leistungs- und erfolgsorientierte Vergütungssysteme

Als eine der wichtigsten Anforderungen für leistungs- und erfolgsorientierte Vergütungssysteme gilt die Anreizkompatibilität. Diese bezeichnet die Möglichkeit für einen Mitarbeiter, dass die Bemessungsgrundlagen der Vergütung auch erreicht werden können.[105] So ist sichergestellt, dass der Mitarbeiter - bei guter Leistung - selbst Einfluss auf seine Vergütung nehmen kann.[106]

Zu den weiteren in dieser Untersuchung dargestellten Basisanforderungen, den sog. Gütekriterien, gehören Wirtschaftlichkeit, Flexibilität, Transparenz, Gerechtigkeit und Leistungsorientierung.[107]

---

[99] Vgl. Becker, F.G./Kramarsch, M.H. (2006), S. 2.
[100] Vgl. Berthel, J./Becker, F.G. (2010), S. 540.
[101] Vgl. Becker, F.G./Kramarsch, M.H. (2006), S. 2.
[102] Vgl. Ridder, H.-G. (2009), S. 245.
[103] Vgl. Becker, F.G./Kramarsch, M.H. (2006), S. 11.
[104] Vgl. Winter, S. (1996), S. 71.
[105] Vgl. Kieser, H.-P. (2012), S. 18.
[106] Vgl. Fricke, H.-G. (2009), S. 225.
[107] Vgl. Villalobos Baum, T. (2010), S. 178.

Wirtschaftlichkeit bedeutet das Befolgen des ökonomischen Prinzips, welches auch wichtig für die Einführung eines Vergütungssystems ist. Eine große Rolle spielt hierbei die bereits dargestellte Prinzipal-Agenten-Theorie, genauer die erwähnten Agenturkosten, da diese möglichst niedrig sein sollten. Die Agenturkosten der Einführung eines leistungs- und erfolgsorientierten Vergütungssystems sind zwar quantitativ messbar, der damit verbundene Nutzen aber nicht.[108] Dies stellt in der Praxis ein großes Problem dar, sodass üblicherweise auf ein zu komplexes Vergütungssystem verzichtet wird und ein erkennbares Kosten-Nutzen-Verhältnis installiert wird.[109]

Flexibilität bezeichnet im Sinne eines Vergütungssystems die regelmäßige Anpassung an verschiedene Unternehmenszielsetzungen. Diese können unternehmensinterne Gründe (so unterscheidet sich beispielsweise die Leistungsmessung innerhalb einer Bank stark zwischen Vertriebseinheiten und Stabseinheiten) als auch unternehmensexterne Gründe (z.B. Strategiewechsel aufgrund veränderter Marktbedingungen) haben. Wenngleich sich einzelne Parameter von Vergütungssystemen ändern können, sollte die Gesamtstruktur bestehen bleiben, da so Transparenz sichergestellt werden kann.[110] Besonders die Information der Mitarbeiter bei variablen Vergütungsbestandteilen spielt für die Transparenz eine existenzielle Rolle.[111]

Transparenz bedeutet im Kontext eines Vergütungssystems Offenheit und subjektive Verständlichkeit.[112] Transparenz spielt aus zwei Gründen eine wichtige Rolle.[113] Zum einen ist sie notwendig, damit Instrumentalität im Kontext der dargestellten VIE-Theorie entsteht. Der Mitarbeiter wird motiviert, wenn er die Wirkungsweise von Leistung und Belohnung erkennt.[114] Des Weiteren ist sie wichtig, damit Vergütung als gerecht anerkannt werden kann.

Ein Vergütungssystem wird als gerecht empfunden, wenn es fair und gleichzeitig fördernd ist. Hierbei wird zwischen folgenden Gerechtigkeiten unterschieden:[115]

---

[108] Vgl. Winter, S. (1996), S. 72f.
[109] Vgl. Heitmüller, H.-M. (1999), S. 401f.
[110] Vgl. Winter, S. (1996), S. 78f.
[111] Vgl. Breisig, T. (2003), S. 474.
[112] Vgl. Breisig, T. (2003), S. 277.
[113] Vgl. Winter, S. (1996), S. 75f.
[114] Vgl. Scherm, E./Süß, S. (2010), S. 120.
[115] Vgl. Jung, H. (2011), S. 563f.; Olfert, K. (2012), S. 359.

- Anforderungsgerechtigkeit: die Vergütung entspricht der Komplexität der Aufgabe
- Qualifikationsgerechtigkeit: die Vergütung entspricht der Qualifikation und damit der Vielseitigkeit des Mitarbeiters[116]
- Sozialgerechtigkeit: die Vergütung orientiert sich an sozialen Aspekten wie z.B. dem Alter und Familienstand des Mitarbeiters
- Marktgerechtigkeit: die Vergütung entspricht einer gerechten Bewertung nach Angebot und Nachfrage in Bezug auf die Qualifikation des Mitarbeiters sowie auf die konjunkturelle Lage. Dieser Ansatz ist daher wichtig, um Mitarbeiter zu gewinnen und zu binden.[117]
- Leistungsgerechtigkeit: die Vergütung entspricht der tatsächlichen Leistung des Mitarbeiters. Dieser Punkt wurde bereits in den 1960er Jahren von Kosiol untersucht.[118] Kosiol bezeichnete dies als Äquivalenzprinzip und unterschied hierbei zwischen dem Prinzip der Äquivalenz von Lohn und Anforderungsgrad sowie von Lohn und Leistungsgrad.[119]

Hier besteht eine sehr enge Beziehung zum letzten Gütekriterium, der sog. Leistungsorientierung.

Leistungsorientierung bezeichnet das Prinzip innerhalb eines Vergütungssystems, dass Leistungsunterschiede des Mitarbeiters Unterschiede in der Vergütung nach sich ziehen. Hierzu gehören die drei Punkte Leistungsergebnis, Leistungsverhalten und Leistungsbedingungen.[120] Leistungsbedingungen werden in personelle Bedingungen (Fähigkeiten) und sachliche Bedingungen (Umweltbedingungen) differenziert. Von diesen beiden Bedingungen sind das Leistungsverhalten und das daraus resultierende Leistungsergebnis abhängig. Wenn ein Vergütungssystem leistungsorientiert sein soll, ist zu relativieren. Ein Branchenvergleich ist ebenso üblich wie der Vergleich von Mitarbeitern einer gleichen Job-Gruppe untereinander.

---

[116] Vgl. Berthel, J./Becker, F.G. (2010), S. 544.
[117] Vgl. Winter, S. (1996), S. 75.
[118] Vgl. Kosiol, E. (1962), S. 29ff.
[119] Vgl. Ridder, H.-G. (2009), S. 246f.
[120] Vgl. Becker, F.G. (1990), S. 22.

3.3. Abgrenzung und Messung von Leistung und Erfolg

Die Darstellung der Leistungsbeurteilung und Erfolgsmessung für Vergütungssysteme macht eine genaue Bestimmung der Begriffe Leistung und Erfolg notwendig, da diese die Bemessungsgrundlagen für variable Vergütungssysteme bilden.[121] In der Literatur gibt es jedoch keine eindeutige Definition dieser Begrifflichkeiten.

So wird Leistung oft als ausschließlich qualitatives, subjektives und verhaltensorientiertes Kriterium gesehen.[122] Indikatoren sind z.B. Team- und Führungsfähigkeiten oder besondere Stärken wie z.B. Sorgfalt. Erfolg definiert sich im Gegensatz dazu an quantitativen Größen wie z.B. Gewinn, Umsatz oder Renditen eines Mitarbeiters. Erfolg ist somit ausschließlich das Resultat von Leistung.[123]

Eine andere Definition unterscheidet Leistung und Erfolg im Wesentlichen nach der Einheit, d.h. diese Definition beantwortet die Frage, auf wen (Person) oder was (Organisation) Leistung bzw. Erfolg zurück zu führen ist.[124]

Demnach wird unter einem leistungsorientierten Vergütungssystem ein Entgeltsystem verstanden, das sich an der Leistung eines einzelnen Mitarbeiters orientiert und das Entgelt des Einzelnen kausal definiert.[125] Leistung ist der individuelle Input des Mitarbeiters und wird anhand einer Beurteilung gemessen.[126] Leistung teilt sich in zwei Aspekte auf. Zum einen ist Leistungsfähigkeit mit aufgabenbezogenen Kriterien wie Wissen oder Fähigkeiten und persönlichkeitsbezogenen Kriterien wie Belastbarkeit und Teamfähigkeit nötig.[127] Zum anderen ist Leistungsbereitschaft wie intrinsische Motivation notwendig.[128] Hier wird der enge Zusammenhang zwischen leistungsorientierter Vergütung und den verhaltenswissenschaftlichen Ansätzen des menschlichen Verhaltens ersichtlich.

Ein erfolgsorientiertes Vergütungssystem wird nach eben dieser Definition als Entgeltsystem definiert, das sich an den finalen Ergebnissen der Organisation oder Teilen

---

[121] Vgl. Fricke, H.-G. (2009), S. 225.; Scherm, E./Süß, S. (2010), S. 121f.
[122] Vgl. Bahnmüller, R. (2001), S. 162.; Bontrup, H.-J. (2008), S. 189f.
[123] Vgl. Breisig, T. (2003), S. 97.
[124] Vgl. Berthel, J./Becker, F.G. (2010), S. 557.
[125] Vgl. Berthel, J./Becker, F.G. (2010), S. 558.
[126] Vgl. Fricke, H.-G. (2009), S. 234.
[127] Vgl. Olfert, K. (2012), S. 207.
[128] Vgl. ebd.; Fricke, H.-G. (2009), S. 234.

davon richtet.[129] Erfolg ist somit eine finale und outputorientierte Erfolgsgröße des (Teil-)Unternehmens und stellt eine Gewinnbeteiligung dar.[130] Daraus ergibt sich ein Zusammenhang zwischen erfolgsorientierter Vergütung und den dargestellten betriebswirtschaftlichen Ansätzen.

Für die weitere Untersuchung wird diese Definition der Begriffe verwendet.

Leistungsbeurteilung ist nach der gewählten Definition die individuelle Leistungsmessung und -beurteilung von einzelnen Mitarbeitern und dient als Basis für strategische Anreizsysteme.[131] Erfolgsmessung im Zusammenhang mit Entlohnung bedeutet, dass Erfolgsgrößen des Unternehmens ermittelt werden und bei Erreichen bestimmter Quoten oder Grenzen daraus eine Erfolgsbeteiligung an den Mitarbeiter gezahlt wird.[132]

Für die Leistungsbeurteilung von Mitarbeitern gibt es mehrere Möglichkeiten. Dargestellt werden nur vergangenheitsbezogene Beurteilungsmethoden, deren Funktion eine leistungsorientierte Vergütung ist[133] - anders als bei den zukunftsorientierten Methoden, die eine weitere Personalentwicklung zum Ziel haben.[134] Die klassische Variante der vergangenheitsbezogenen Beurteilungen ist die Beurteilung durch den direkten Vorgesetzten, die sog. Mitarbeiterbeurteilung.[135] Diese ist auf allen Hierarchieebenen eines Unternehmens möglich, einzig in der Top-Ebene aufgrund fehlender Führungskraft nicht.[136] Bei dieser Beurteilung gibt es eine Vielzahl von Möglichkeiten. So ist bei dem freien Verfahren kein Bezug zu quantitativen Größen nötig, diese hat daher starken subjektiven Charakter. Vorteil ist die Berücksichtigung von Besonderheiten des Mitarbeiters oder des Arbeitsplatzes[137], Nachteil der Vorwurf des sog. „Nasen-Faktors".[138]

Eine wichtige Rolle für leistungsorientierte Vergütung spielen zielorientierte Verfahren der Leistungsbeurteilung.[139] Bei dieser Zielorientierung als Element des sog. Management by Objectives (zu dt.: Führen durch Ziele) können die Ziele von der Führungskraft vorgegeben werden (Zielvorgaben bzw. Top-Down-Prinzip) oder von ihr in Abstim-

---

[129] Vgl. Berthel, J./Becker, F.G. (2010), S. 557.; Olfert, K. (2012), S. 416.
[130] Vgl. Scholz, C. (2011), S. 313.
[131] Vgl. Hentze, J./Kammel, A. (2001), S. 51f.
[132] Vgl. Kolb, M./Burkart, B./Zundel, F. (2010), S. 361.
[133] Vgl. Bröckermann, R. (2012), S. 156.
[134] Vgl. Oechsler, W.A. (2011), S. 407.; Olfert, K. (2012), S. 299.
[135] Vgl. Berthel, J./Becker, F.G. (2010), S. 257.; Oechsler, W.A. (2011), S. 408.
[136] Vgl. Eyer, E. (2006), S. 7.; Locarek-Junge, H./Imberger, K. (2006), S. 547.
[137] Vgl. Berthel, J./Becker, F.G. (2010), S. 260f.
[138] Vgl. Eyer, E. (2006), S. 7.
[139] Vgl. Kolb, M./Burkart, B./Zundel, F. (2010), S. 364.

mung mit dem Mitarbeiter vereinbart werden.[140] Dies sind dann Zielvereinbarungen. Dank dieser Partizipation ist eine hohe Identifikation der Mitarbeiter mit den Zielen des Unternehmens möglich[141], da intrinsische und extrinsische Motivation verbunden werden.[142] Ziele werden grundsätzlich nach den Kriterien Inhalt, Ausmaß und Zeit so festgelegt, dass sie den Mitarbeiter zur Leistung motivieren.[143] Eine Hilfestellung liefert dabei die Formulierung der Ziele nach der sog. SMART-Regel, die von Zielen folgende Attribute fordert:[144]

- **S**pezifisch,
- **M**essbar,
- **A**nspruchsvoll,
- **R**ealistisch und
- **T**erminiert.

Eine weitere Möglichkeit der Leistungsbeurteilung sind Beurteilungssysteme wie die 360-Grad-Beurteilung, bei der neben der Führungskraft auch Kollegen, Lieferanten und Kunden die Leistung des Mitarbeiters strukturiert beurteilen.[145] Gerade durch die Beurteilung durch Kunden ist es möglich, die Leistung des Mitarbeiters ehrlicher, objektiver und verlässlicher zu messen.[146] So ist es möglich, Mitarbeiterverhalten gegenüber Kunden nachhaltig zu verbessern, da jene an einer guten Beurteilung durch Kunden aus langfristigen Kundenbeziehungen interessiert sind. Hier wird der Bezug zum Stakeholder Value-Ansatz als auch zur Agenturproblematik erkennbar.

Neben der Leistungsbeurteilung ist die Erfolgsmessung wesentliche Grundlage für eine variable Vergütung.[147] Dieser variable Anteil der Vergütung, der im Unternehmenserfolg begründet ist, wird auch Erfolgsbeteiligung genannt.[148] Diese Erfolgsbeteiligung beeinflusst nicht die Gewinnerzielung, sondern stellt eine Form der Gewinnverwendung des Unternehmens dar.[149] Wie bereits dargestellt, tragen die Eigenkapitalgeber eines

---

[140] Vgl. Bröckermann, R. (2012), S. 259ff.
[141] Vgl. Kieser, H.-P. (2012), S. 19.
[142] Vgl. Kieser, H.-P. (2012), S. 3.
[143] Vgl. Olfert, K. (2012), S. 268.
[144] Vgl. Eyer, E. (2006), S. 19.; Oechsler, W.A. (2011), S. 421.
[145] Vgl. Bröckermann, R. (2012), S. 167.
[146] Vgl. Olfert, K. (2012), S. 300.
[147] Vgl. Scherm, E./Süß, S. (2010), S. 133f.
[148] Vgl. Olfert, K. (2012), S. 416.
[149] Vgl. Bröckermann, R. (2012), S. 215.

Unternehmens das Risiko und daher steht ihnen der Gewinn zu.[150] Dennoch können Unternehmen - meist aus sozialpolitischen Gründen - eine Erfolgsbeteiligung auszahlen.[151] Beispiele für Gründe sind die Schaffung einer erhöhten Verantwortlichkeit und Produktivität, Verminderung von Fluktuation und der Aufbau eines partnerschaftlichen Verhältnisses zwischen Mitarbeitern und Unternehmensführung.[152]

Bei den Bemessungsgrundlagen der Erfolgsbeteiligung wird zwischen Leistungsbeteiligung, Ertragsbeteiligung und Gewinnbeteiligung unterschieden.[153] Unter der Leistungsbeteiligung wird die Beteiligung an der Steigerung der Produktionsseite definiert (z.B. Produktivität, Kosteneinsparungen).[154] Unter der Ertragsbeteiligung versteht man die Partizipation an der Marktseite (z.B. Umsatz, Wertschöpfung).[155] Die gängigste Form der Erfolgsbeteiligung ist die Gewinnbeteiligung, da ein Unternehmen auch trotz hoher Produktivität und eines hohen Absatzes Verluste schreiben kann.[156] Messgrößen für die Gewinnbeteiligung sind der Gewinn nach Steuerbilanz oder Handelsbilanz.[157]

In der Praxis sind - je nach Branche - unterschiedliche Kennzahlen und Verfahren geeignet. Die Darstellung für den Bankensektor erfolgt im weiteren Verlauf der Arbeit.

Die Verteilung der Erfolgsbeteiligung kann nach dem Gleichheitsprinzip (Verteilung nach Köpfen), dem Sozialprinzip (Verteilung nach sozialen Merkmalen) und dem Leistungsprinzip (Verteilung nach Leistung) erfolgen.[158] Das Leistungsprinzip eignet sich, um zusätzlich zur leistungsorientierten Vergütung weitere Anreize zu setzen.

Bei der Auszahlung der Erfolgsanteile wird zwischen leistungsabhängigen Jahreszahlungen für besonders leistungsstarke Mitarbeiter, Tantiemen für leitende Angestellte sowie Provisionen für an Umsätzen beteiligte Mitarbeiter differenziert.[159]

Kritisch bei der Erfolgsbeteiligung - zumindest aus Sicht der Verhaltenswissenschaft - ist der oft fehlende Zusammenhang zwischen der Leistung eines einzelnen Mitarbeiters und des Unternehmenserfolges in großen Unternehmen bei Nicht-Führungskräften.[160]

---

[150] Vgl. Wöhe/Döring (2008), S. 57 f.
[151] Vgl. Oechsler, W.A. (2011), S. 426.
[152] Vgl. Bröckermann, R. (2012), S. 215.
[153] Vgl. Olfert, K. (2012), S. 416.
[154] Vgl. Bontrup, H.-J. (2008), S. 213.
[155] Vgl. Olfert, K. (2012), S. 417.
[156] Vgl. Bröckermann, R. (2012), S. 216.
[157] Vgl. Kolb, M./Burkart, B./Zundel, F. (2010), S. 361.
[158] Vgl. Olfert, K. (2012), S. 418.
[159] Vgl. ebd.

3.4. Zusammensetzung und Höhe des variablen Anteils an der Gesamtvergütung

Vergütung besteht aus drei Teilen. Diese lauten fixe Grundvergütung, variable Vergütung und Zusatzleistungen wie z.B. Altersvorsorge oder das Stellen eines Dienstwagens. Die Summe wird als Gesamtvergütung (Total Compensation) bezeichnet.[161] Besondere Bedeutung hat die Zusammensetzung und Höhe des variablen Anteils, da die variable Vergütung für die Leistungssteigerung von Mitarbeitern einen großen Stellenwert einnimmt.[162]

Die eben dargestellten Bemessungsgrundlagen werden dazu miteinander kombiniert und ergeben den variablen Anteil der Vergütung. Dabei gibt es unterschiedliche Möglichkeiten der Verknüpfung dieser Bemessungsgrundlagen.

Bei der additiven Verknüpfung wird eine Differenzierung von Zielerreichungsgraden ähnlich einer Skalenbewertung in mehreren Graden vorgenommen.[163] Je höher ein erreichter Grad, desto höher der dahinter stehende variable Anteil. Wenn mehrere Ziele vorgegeben werden, werden die Anteile addiert und ergeben den gesamten variablen Anteil.

Bei der multiplikativen Verknüpfung werden die erreichten Zielerreichungsgrade aus individueller Leistung und Unternehmenserfolg miteinander multipliziert, sodass ein gesamter variabler Anteil entsteht.[164] Vorteil und gleichzeitig Nachteil bei der multiplikativen Verknüpfung ist die Möglichkeit, dass bei schlechtem Unternehmensgewinn trotz guter individueller Leistung wenig bis nichts als variable Vergütung gezahlt wird.[165] Das Unternehmen spart während schlechter Gewinnlagen, während sich für den Mitarbeiter ein Motivationsproblem ergeben kann. Der potenzielle variable Anteil für den Mitarbeiter ist aber höher. So ergibt sich ein höheres Chancen-Risiko-Profil der multiplikativen Verknüpfung für den Mitarbeiter.[166]

Eine weitere Möglichkeit besteht darin, den Gesamtbetrag der variablen Vergütung vom Unternehmensergebnis abhängig zu machen und im Top-Down-Verfahren zu verteilen.

---

[160] Vgl. Kolb, M./Burkart, B./Zundel, F. (2010), S. 361.
[161] Vgl. Berthel, J./Becker, F.G. (2010), S. 586.
[162] Vgl. von Eckardstein, D. (2001), S. 5ff.
[163] Vgl. Becker, F.G./Kramarsch, M.H. (2006), S. 35.
[164] Vgl. Kolb, M./Burkart, B./Zundel, F. (2010), S. 365.
[165] Vgl. Kolb, M./Burkart, B./Zundel, F. (2010), S. 365f.
[166] Vgl. Nastansky, A./Lanz, R. (2010b), S. 15.

Dieser Gesamtbetrag wird als Bonuspool bezeichnet.[167] Die Verteilung des Bonuspools wird nach Ergebnis und Anzahl der Beschäftigten auf die verschiedenen Bereiche des Unternehmens verteilt. Im Anschluss wird in Abhängigkeit der individuellen Leistung der Bonuspool auf die Mitarbeiter verteilt. Dabei wird auf die geschilderten Leistungsbeurteilungen zurückgegriffen.

Die Höhe des variablen Anteils an der Gesamtvergütung ist mitentscheidend für die Erfüllung der Ziele eines leistungs- und erfolgsorientierten Vergütungssystems. Ein relativ hoher variabler Anteil spricht für eine hohe Leistungs- und Erfolgsorientierung, ein eher geringer Anteil für eine geringe Leistungs- und Erfolgsorientierung.[168] Sollen variable Bestandteile gezahlt werden, ist das Fixgehalt im Vergleich zu einem Vergütungssystem ohne variablen Anteil etwas zu senken (z.B. um 10 %). Das Gehalt kann in diesem Beispiel durch die Zahlung der Leistungs- und/oder Erfolgskomponente auf max. 110 % steigen. Je größer dabei das Risiko eines niedrigen Fixgehalts, desto größer die Chance einer hohen variablen Vergütung. Im Sinne der dargestellten Prinzipal-Agenten-Theorie wird die Risikoaversion der Arbeitnehmer so durch das Zahlen des variablen Anteils kompensiert. Wichtig ist dabei, dass der Mitarbeiter bei der variablen Vergütung die Möglichkeit hat, eine höhere Gesamtvergütung zu erhalten als in einem System ohne variable Vergütung.[169]

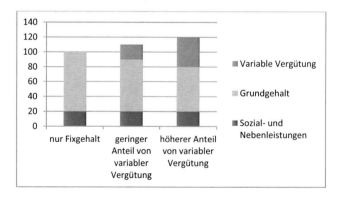

Abbildung 4: Variabilität von Vergütungen[170]

---

[167] Vgl. Nastansky, A./Lanz, R. (2010b), S. 16.
[168] Vgl. Berthel, J./Becker, F.G. (2010), S. 558.
[169] Vgl. Saam, N.J. (2002), S. 31f.
[170] In Anlehnung an : Berthel, J./Becker, F.G. (2010), S. 559.

Im dargestellten Schaubild gibt es drei Szenarien: In Szenario 1 erhält der Mitarbeiter lediglich sein Fixgehalt, welches bei 80 Einheiten angesetzt ist. In Szenario 2 erhält er ein geringeres Grundgehalt i.H.v. 70 Einheiten, hat aber noch die Möglichkeit, 20 weitere Einheiten als variablen Anteil zu erhalten. In Szenario 3 ist sein Grundgehalt mit 60 Einheiten eher gering, die Möglichkeit der Zielvergütung i.H.v. 100 Einheiten ist aber am größten.

Im Hinblick auf Motivation ist festzuhalten, dass es eine absolut gerechte Höhe des variablen Anteils nicht gibt.[171] Vielmehr gelten andere Einflussgrößen. So ist der variable Anteil umso größer, je höher die Position des Mitarbeiters innerhalb des Unternehmens ist.[172]

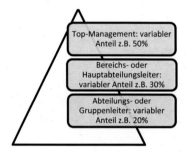

Abbildung 5: Variable Vergütung bei Führungskräften nach Hierarchieebenen[173]

Die Höhe der variablen Vergütung stellt im Hinblick auf die Renditesteigerung der Eigenkapitalgeber im Kontext des erläuterten Shareholder Value-Konzepts ein Problem dar.[174] Mitarbeiter vertreten das Unternehmen und bringen ihre Arbeitsleistung ein, sind aber keine Gesellschafter und haften daher nicht bei Verlusten mit ihrem eingesetzten Kapital. Ihr variabler Anteil der Vergütung wird an ihren Leistungsbeurteilungen und Erfolgsmessungen im Unternehmen gekoppelt. Diese haben jedoch oft nur kurzfristigen Charakter. Ein Beispiel ist hierbei die Kopplung des Unternehmenserfolges an den Aktienkurs.[175] So werden Mitarbeiter versuchen, ihre individuelle Leistung und den Unternehmenserfolg möglichst positiv darzustellen, was oft nur stichtagsbezogen möglich ist und oft zu kurzfristigen Renditebefriedigungen des Unternehmens führt.[176] Aus

---
[171] Vgl. Ridder, H.-G. (2009), S. 265.
[172] Vgl. Bontrup, H.-J. (2008), S. 203.
[173] In Anlehnung an: Bontrup, H.-J. (2008), S. 203.
[174] Vgl. Bontrup, H.-J. (2008), S. 153.
[175] Vgl. ebd.; Scherm, E./Süß, S. (2010), S. 136.
[176] Vgl. Scholz, C. (2011), S. 319.; Velthuis, L.J./Wesner, P. (2005), S. 84f.

diesem Grund spielt der Zeithorizont bei der Gestaltung variabler Vergütungssysteme eine besonders wichtige Rolle.

3.5. Zeitliche Ausrichtung der variablen Vergütungsbestandteile

Die zeitliche Ausrichtung von variablen Vergütungsbestandteilen richtet sich an die Zeiträume der Ziele des Unternehmens. So wird gewährleistet, dass die Mitarbeiter sich im Sinne der Unternehmensziele verhalten. Es wird zwischen kurzfristigen, mittelfristigen und langfristigen Unternehmenszielen differenziert.

Kurzfristige bzw. operative Ziele haben einen Zeithorizont von max. 1 Jahr und einen geringen Unsicherheitsgrad.[177] Kurzfristige Anreize sollen dabei die operative Leistung von Mitarbeitern steigern. Beispiele für kurzfristige variable Vergütungsbestandteile sind Bonuszahlungen, Tantiemen oder Provisionen.[178] Die Berechnung der kurzfristigen variablen Vergütung muss objektiv und messbar sein.[179] So ist gewährleistet, dass die Instrumentalität im Sinne der VIE-Theorie für den Mitarbeiter ersichtlich ist. Ein Problem bei der kurzfristigen variablen Vergütung ist, dass viele kurzfristige Erfolge eines Unternehmens nachhaltig und langfristig nicht zu einer Wertsteigerung im Sinne des Shareholder-Value-Konzepts beitragen.[180]

Mittelfristige bzw. taktische Ziele haben einen Zeithorizont von 1 - 5 Jahren und einen hohen Unsicherheitsgrad.[181] Hierbei unterscheidet man bei den mittelfristig wirkenden Erfolgsfaktoren zwischen marktinduzierten und leistungsinduzierten Anreizsystemen.[182] Zu den marktinduzierten Anreizsystemen gehören:[183]

- der Aktienerwerb mit der Restriktion, diese innerhalb einer bestimmten Frist nicht verkaufen zu dürfen, sog. Restricted Stock Plans,
- der Erhalt von Optionen zum Erwerb von Aktien zu einem vorher festgelegten Kurs, sog. Stock Option Plans[184],

---

[177] Vgl. Wöhe, G./Döring, U. (2008), S. 84.
[178] Vgl. von Eckardstein, D. (2001), S. 10.; Locarek-Junge, H./Imberger, K. (2006), S. 547.
[179] Vgl. Oechsler, W.A. (2011), S. 452.
[180] Vgl. Velthuis, L.J./Wesner, P. (2005), S. 85.
[181] Vgl. Wöhe, G./Döring, U. (2008), S. 84.
[182] Vgl. Oechsler, W.A. (2011), S. 452.
[183] Vgl. Oechsler, W.A. (2011), S. 452f.
[184] Vgl. Locarek-Junge, H./Imberger, K. (2006), S. 549.

- Barwertsteigerungen in Höhe von Kursgewinnen der Aktien, sog. Stock Appreciation Right Plans[185] und
- fiktive Aktien, deren Kurssteigerungen in bar oder echten Aktien ausgezahlt werden, sog. Phantom Stock Plans.

Diese marktinduzierten Anreizsysteme haben zur Folge, dass die Höhe des variablen Anteils nicht in ausreichendem Maße von der individuellen Leistung des Mitarbeiters abhängt. Gerade sehr hohe Boni durch Aktienoptionspläne bei unterdurchschnittlicher Leistung werden oft bemängelt.[186]

Bei mittelfristig orientierten leistungsinduzierten Anreizsystemen wird die Zahlung des variablen Anteils daher von exakt festgelegten Zielen abhängig gemacht. Hierbei wird unterschieden zwischen:[187]

- dem Erhalt von Aktien oder Beteiligungseinheiten in Höhe bestimmter Zielerreichungsgrade. So ist der Bonus an den Aktienkurs und an das Erreichen von Zielen gebunden, sog. Performance Share Plans bzw. Performance Unit Plans[188].
- einer Beteiligung an der periodischen Entwicklung operativer Erfolgskriterien mit zurückgestellten Boni ab der zweiten Periode. Nach der ersten Periode wird ein Bonus gezahlt. Ab der zweiten Periode kann der zurückgestellte Teil - je nach Ergebnis - negativ oder positiv vom ersten Bonus abweichen, sodass eine größere Identifikation mit den Zielen und Bindung an das Unternehmen erreicht werden kann, sog. Deferred Compensation Systems.[189]

Kritisch ist hier, dass Zielkonflikte zwischen operativen und taktischen Anreizsystemen entstehen können, wenn Mitarbeiter versuchen, beide Kriterien zu erfüllen.[190]

Besonders bei Geschäftsführern und weiteren Führungskräften der höheren Hierarchiestufen werden langfristige bzw. strategische Ziele gesetzt. Diese haben einen Zielhorizont von mehr als 5 Jahren und einen extrem hohen Unsicherheitsgrad.[191] Hierzu gehören die Integration einer strategisch-orientierten Erfolgsrechnung in das Anreizsystem

---

[185] Vgl. Kramarsch, M.H. (2004), S. 142.
[186] Vgl. Wenger, E. (1998), S. 51ff.
[187] Vgl. Oechsler, W.A. (2011), S. 453f.
[188] Vgl. Kramarsch, M.H. (2004), S. 133.
[189] Vgl. Becker, F. G. (1990), S. 47f.
[190] Vgl. Oechsler, W.A. (2011), S. 454.
[191] Vgl. Wöhe, G./Döring, U. (2008), S. 84.

(sog. Management Accounting-Ansatz) sowie strategisch-orientierte Anreizsysteme wie das Setzen von strategischen Meilensteinen.[192] Meilensteine können monetäre oder non-monetäre Kennzahlen sein.[193] Es ist so möglich Handlungen zu belohnen, obwohl deren Erfolge erst nach mehreren Jahren eintreffen können. So kann die Gefahr der fehlenden Instrumentalität bei langfristigen Anreizen vermieden werden.[194]

Die Unternehmensführung kann bei der Gestaltung eines Vergütungssystems verschiedene Schwerpunkte bezüglich der Zeithorizonte setzen. So ist es möglich, das o.g. Problem der kurzfristigen Orientierung der Führungskräfte und Mitarbeiter einzudämmen. Die folgende Abbildung gibt einen Überblick über die verschiedenen Anteile der Gesamtvergütung mit zeitlichen Komponenten. Die Größe der Kästchen hat keine Aussagekraft über den Anteil der Teilvergütungen.

Abbildung 6: Komponenten der Gesamtvergütung[195]

---

[192] Vgl. Oechsler, W.A. (2011), S. 455.
[193] Vgl. Locarek-Junge, H./Imberger, K. (2006), S. 542.
[194] Vgl. Becker, F.G. (1990), S. 161.; Winter, S. (1996), S. 140.
[195] Quelle: eigene Darstellung in Anlehnung an: Schätzle, R.J. (2002), S. 112.

4. Vergütungssysteme im Bankensektor

4.1. Spezifika von Banken

Im Bankensektor wird zwischen privatrechtlichen Banken (z.B. Deutsche Bank), öffentlich-rechtlichen Instituten (z.B. Sparkassen) und genossenschaftsrechtlichen Instituten (z.B. Volks- und Raiffeisenbanken) unterschieden.[196] Die folgende Untersuchung befasst sich mit den privatrechtlichen Banken, da diese ausschließlich erwerbswirtschaftliche Ziele haben[197] und eine bessere internationale Vergleichbarkeit privatwirtschaftlich organisierter Banken möglich ist.

Banken sind wesentliche Pfeiler der Wirtschaft, da sie als Finanzintermediäre auftreten. Zu ihren wichtigsten Aufgaben gehört die sog. Allokationsfunktion, also die Schaffung des Ausgleiches zwischen Anlage- und Finanzbedarf von Kapitalgebern und Kapitalnehmern.[198] Diese Funktion wird von dem klassischen Geschäftsfeld Commercial Banking erfüllt[199], in dem ein wesentlicher Teil der Mitarbeiter von Kreditinstituten beschäftigt ist. Die Kapitalmittel der Kapitalgeber werden dabei als Einlagen, Anleihen und Eigenkapital aufgenommen und an Kapitalnehmer in Form von Krediten ausgegeben. Wesentlicher Werttreiber ist dabei das Zinsergebnis, da die Bank mit dem Überschuss aus erhaltenen Zinsen und zu zahlenden Zinsen ihren Ertrag generiert. Die Übernahme und Transformation von Risiken aufgrund Zinsänderungen[200] und Forderungsausfällen[201] gehört mit zum Geschäftsmodell.[202]

Ein weiteres wichtiges Geschäftsfeld im Bankensektor ist das Investment Banking. Dieses beschafft für Unternehmen Eigenkapital und Fremdkapital, indem es Wertpapiere ausstellt, zeichnet und an Anleger verkauft.[203] Dabei unterstützt das Kreditinstitut diese Unternehmen bei dieser sog. Emission auf unterschiedliche Arten.[204] Das Investment Banking ist aufgrund seines Geschäftskonzeptes sehr von den Entwicklungen an den Kapitalmärkten abhängig und unterliegt hohen Risiken, die zu hohen Verlusten führen können.

---

[196] Vgl. Sauter, W. (2010), S. 14.
[197] Vgl. Sauter, W. (2010), S. 17f.
[198] Vgl. Bitz, M./ Stark, G. (2008), S.4f.
[199] Vgl. Hartmann-Wendels, T./ Pfingsten, A./ Weber, M. (2010), S. 11ff.
[200] Vgl. Hartmann-Wendels, T./ Pfingsten, A./ Weber, M. (2010), S. 652f.
[201] Vgl. Becker, A. (2008), S. 60.
[202] Vgl. Hartmann-Wendels, T./ Pfingsten, A./ Weber, M. (2010), S. 332.
[203] Vgl. Hull, J. (2011), S. 30.
[204] Vgl. Wittmann, C. M. (2010), S. 14f.

Diese beiden Hauptgeschäftsfelder werden in der Untersuchung exemplarisch für den kompletten Bankensektor genommen. Dabei zeigt sich, dass der Bankensektor in diesen beiden Segmenten als auch im Allgemeinen in erster Linie ein Dienstleistungsbereich ist. So ist der Mensch der wichtigste Produktionsfaktor. Er ist an allen Prozessen Hauptbeteiligter und repräsentiert als Mitarbeiter sein Unternehmen vor dem Kunden.[205] Entscheidend ist, dass langfristige Kundenbeziehungen gepflegt werden. Dies liegt daran, dass viele Produkte im Bankenbereich für den Kunden Verträge mit mehreren Jahren Laufzeit sind, so z.B. Kreditverträge.

Die hohe Personalintensität in Banken begründet, dass die Personalkosten in Banken einen wesentlichen Fixkostenblock darstellen.[206] Die Senkung dieses Kostenblockes stellt ein Ziel der Variabilisierung der Vergütung dar. Ziel von variablen Vergütungssystemen in Banken muss gleichzeitig sein, die o.g. Risiken angemessen einzubeziehen. Darüber hinaus muss die Vergütung am langfristigen und nachhaltigen Erfolg ausgerichtet sein. Dies ist umso wichtiger, da Risiken im Bankensektor weitreichende Konsequenzen für die Wirtschaft haben, wenn die o.g. Aufgaben von Banken nicht ausgeführt werden können. Dies zeigen die finanzwirtschaftlichen Krisen der vergangenen Jahre, auf die im weiteren Verlauf eingegangen wird.

4.2. Vergütungssysteme in Banken als Resultat der bankspezifischen Probleme vor der Finanzkrise

4.2.1. Motive der variablen Vergütung in Banken

Die Hauptgründe für die Einführung von variablen Vergütungssystemen in Banken sind nach einer 2006 durchgeführten empirischen Untersuchung Leistungssteigerung (84,9%) und Motivationssteigerung (80,3%) von Mitarbeitern sowie die Schaffung einer verbesserten Identifikation der Mitarbeiter mit den Zielen und Strategien der Bank (66,7%) genannt.[207] Es zeigt sich also, dass die verhaltenswissenschaftlichen Ansätze für materiell orientiertes Verhalten von Mitarbeitern zu den Hauptgründen eines variablen Vergütungssystems in Banken gehören.

Auch betriebswirtschaftliche Ansätze spielen eine große Rolle. So treten Banken als Dienstleistungsunternehmen mit den Aufgaben der Finanzierung, Investition, Emission

---

[205] Vgl. Nolte, B. (2006), S. 1.
[206] Vgl. Nastansky, A./Lanz, R. (2010b), S. 4.
[207] Vgl. Böhmer, N. (2006), S. 228.

und Beratung sowohl als Prinzipale und als Agenten im Sinne der Prinzipal-Agenten-Theorie auf.[208] Im Commercial Banking nehmen Banken Kapital von Investoren an und geben es in Form von Krediten weiter. Gegenüber den Kapitalgebern wirken sie als Agenten, da sie sich um die Anlage des Geldes kümmern und dafür ihre Informationsvorsprünge, Instrumente und (Kunden-)Beziehungen nutzen. Gegenüber den Kapitalnehmern haben sie die Rolle von schlechter informierten Prinzipalen, da sie nicht genau wissen, wie Kapitalnehmer mit dem Geld umgehen werden.[209]

Im Investment Banking ist die Situation gleich, da Banken sowohl als Prinzipale als auch als Agenten fungieren. Als Agenten wirken sie bei der Beratung von Kapitalnehmern und bei der Finanzierung gegenüber Kapitalgebern. Als Prinzipale treten sie auf, wenn sie für Kapitalnehmer Geld beschaffen.

Tritt die Bank als Agent auf, sind leistungs- und erfolgsorientierte Vergütungsbestandteile im Bankenbereich vorgesehen, um die Interessen der Bank(-mitarbeiter) in Einklang mit den Interessen der Kunden zu bringen. Dieser Zusammenhang hat u.a. dazu geführt, dass variable Entgeltbestandteile in den letzten Jahrzehnten weitere Verbreitung unter Banken gefunden haben.

Ein weiterer Grund, der zu mehr Verbreitung von variabler Vergütung in Banken geführt hat, sind die Veränderungen im Finanzsektor in den letzten Jahrzehnten.[210]

Zu diesen Veränderungen gehört die steigende Wettbewerbsintensität um Kunden und Gelder. Hintergrund dafür ist zum einen, dass viele klassische Produktionsunternehmen verstärkt auf dem Finanzmarkt auftreten und Finanzierungen für ihre Kernprodukte vermitteln, sodass Banken neue Mitbewerber aus anderen Branchen erhalten. Des Weiteren hat die Globalisierung und Internationalisierung in den letzten Jahrzehnten dazu beigetragen, dass viele Finanzdienstleistungen von Banken aus anderen Ländern zu für den Kunden besseren Konditionen angeboten werden. Die steigende Wettbewerbsintensität hat auch Auswirkungen auf die besten Mitarbeiter und wird als „War for

---

[208] Vgl. Wittmann, C. M. (2010), S. 112.
[209] Vgl. ebd.
[210] Vgl. Sauter, W. (2010), S. 42.

talents" bezeichnet.[211] In den letzten Jahrzehnten führte dieser Kampf um Talente zu einem starken Anstieg der variablen Vergütung in Banken.[212]

Zu den Veränderungen im Finanzsektor gehört ebenfalls die Technologisierung von Prozessen im Bankenbereich.[213] So sind viele Prozesse standardisiert und per Online-Banking möglich.[214] Sie müssen nicht mehr von Mitarbeitern in einer Filiale getätigt werden. Dies führt zu einem geringeren Personalbedarf in Banken. Das Personal, das in Banken weiterhin benötigt wird, muss qualitativ besser ausgebildet sein und ist daher teurer.[215] Auch hier spielen variable Vergütungsbestandteile besonders zur Bindung von Mehrleistern eine große Rolle. Die Vergütung agiert als erfolgreiche Durchsetzungsstrategie besonders wichtiger Bankmitarbeiter.[216]

Aufgrund der dargestellten Ursachen sind die Anteile der variablen Vergütungen im Bankensektor in den letzten Jahrzehnten sehr stark gestiegen. Insbesondere zwischen 1990 und 1999 haben 56,06% der deutschen Banken laut einer Befragung von 2006 variable Vergütung eingeführt.[217] Im Investment Banking wurden diese bereits vor 1980 in der Mehrheit der Institute eingeführt.[218] Dabei wurden nicht immer den Interessen der eigentlichen Anteilseigner von Banken im Sinne des Shareholder Values ausreichend Genüge getan, da die Boni zum Teil exzessiv hoch waren.

4.2.2. Gesamtvergütung im Bankensektor bis zur Finanzkrise

Im Bankensektor nehmen leistungs- und erfolgsorientierte Vergütungssysteme auf allen Hierarchieebenen und Teilbereichen der Bank eine wichtige Rolle ein. Insbesondere bis zu den Jahren 2007/2008 war der Trend zu kurzfristigen variablen Vergütungen international besonders stark. Der größte Anstieg ist dabei im Investment Banking erkennbar.

Für einen Banker an der Wall Street, dem größten Finanzzentrum der Welt in New York, bestand bis 2008 die Möglichkeit, dass sich seine Gesamtvergütung zu 90% aus Boni zusammensetzte.[219] Dies erklärt, dass die Bonuszahlungen aus dem gesamten Bonuspool der dort ansässigen Investmentbanken von 2,1 Mrd. USD in 1990 über 19,5

---

[211] Vgl. Scholz, C. (2011), S. 175.
[212] Vgl. Nastansky, A./Lanz, R. (2010b), S. 3.
[213] Vgl. Sauter, W. (2010), S. 44.
[214] Vgl. Messerschmidt, C.M./Berger, S.C./Skiera, B. (2010), S. 38.
[215] Vgl. Sauter, W. (2010), S. 44.
[216] Vgl. Scholz, C. (2011), S. 320.
[217] Vgl. Böhmer, N. (2006), S. 226.
[218] Vgl. Gehle, N. (2008), S. 57.
[219] Vgl. Zeit Online (2012), S. 1.

Mrd. USD in 2000 auf 34,3 Mrd. USD in 2006 stiegen.[220] Dabei erhöhten sich die durchschnittlichen Bonuszahlungen pro Mitarbeiter im gleichen Zeitraum von ca. 15.000 USD über ca. 100.000 USD auf mehr als 190.000 USD.[221]

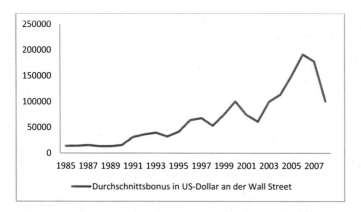

Abbildung 7: Durchschnittsbonus eines Bankmitarbeiters an der New Yorker Börse[222]

Auch in Europa ist diese Entwicklung erkennbar. Die dargestellten Hintergründe führten dazu, dass die kurzfristigen variablen Entgeltbestandteile in den letzten Jahren in Ländern wie Deutschland und der Schweiz, die vorher nicht angelsächsisch geprägt waren, weiteren Einzug fanden.[223] So bezogen in 2006 in 62,1% der deutschen Banken alle Mitarbeitergruppen variable Entgeltbestandteile, im Vertrieb sogar 93,94% der Mitarbeiter.[224] Der durchschnittliche Anteil der variablen Vergütung in deutschen Banken machte im Schnitt 29% des Grundgehalts aus.[225]

Speziell im Investment Banking wurden kurzfristige Bonuszahlungen zur Motivationssteigerung wesentlicher Bestandteil der Gesamtvergütung.[226] Mittelfristige variable Entgelte spielten eine untergeordnete Rolle.[227] Langfristig variable Entgeltbestandteile traten vermehrt auf, insbesondere aktienbasierte Vergütungssysteme kamen einer Umfrage von 2008 zufolge in 53,3% in den deutschen Investment Banken vor.[228] In der Praxis wurde der variable Anteil aus Aktien jedoch bei Überschreiten bestimmter Ober-

---

[220] Vgl. OSC (2013), S. 6.
[221] Vgl. ebd.
[222] Vgl. eigene Darstellung in Anlehnung an: ebd.
[223] Vgl. Klein, W. (2008), S. 80.
[224] Vgl. Böhmer, N. (2006), S. 233f.
[225] Vgl. Nastansky, A./Lanz, R. (2010b), S. 22.
[226] Vgl. Gehle, N. (2008), S. 65.
[227] Vgl. Gehle, N. (2008), S. 67.
[228] Vgl. Gehle, N. (2008), S. 67f.

grenzen der Gesamtvergütung oft bar ausgezahlt, nur bei Überschreiten sehr hoher Gesamtbeträge (z.B. ab 300.000 USD p.a.) mussten die Aktien einige Jahre (i.d.R. 2-4 Jahre) gehalten werden.[229] Klassischerweise bezeichnet die wissenschaftliche Literatur Aktienoptionspläne mit 2-4 Jahren Sperrfrist allerdings ohnehin nicht als langfristige und strategisch-orientierte Vergütung[230], sodass es sich hier eher um mittelfristig-orientierte Vergütung handelt.

Grundsätzlich ist festzuhalten, dass auch in der Praxis der variable Anteil an der Gesamtvergütung in allen Bankengeschäftsfeldern umso höher war, je höher die Hierarchiestufe des Mitarbeiters bzw. die Nähe zum Kapitalmarkt.[231] Dies verdeutlicht eine Untersuchung in deutschen Banken mit Hilfe der Bestimmung des sog. relativen Vergütungsabstands. Dieser Multiplikator sagt aus, was die jeweils höhere Hierarchiestufe im Vergleich zur darunter liegenden Hierarchiestufe an Vergütung erhält. Während die Grundvergütung in deutschen Banken zwischen 2005 und 2008 Werte zwischen 1,5 und 1,7 einnimmt, nimmt die Gesamtbarvergütung Werte zwischen 1,8 und 2,8 ein.[232] Dies zeigt, dass die kurzfristige variable Vergütung überproportional gestiegen ist. Ein weiteres Beispiel bietet die Schweizer Bank UBS: die Vergütung des Top-Managements bestand in 2007 nur zu 22% aus der festen Grundvergütung, zu 50% aus kurzfristigen Bonuszahlungen und zu 28% aus aktienbasierten Zusatzvergütungen.[233]

Während sich die Bemessung von variablen Entgelten branchenübergreifend laut einer Vergütungsstudie nach zu zwei Dritteln nach der additiven Verknüpfung richtete[234], war die Bemessung von Boni im Bankensektor vom Bonuspool-Verfahren geprägt.[235] Der Bonuspool wurde dabei im Top-Down-Verfahren verteilt und war abhängig vom Unternehmensergebnis, dem Bonuspool konkurrierender Banken und dem Personalmarkt.[236] Die Leistungsbeurteilung in Banken erfolgte dabei i.d.R. subjektiv durch den direkten Vorgesetzten mit Hilfe von Zielvereinbarungen.[237]

---

[229] Vgl. Gehle, N. (2008), S. 68f.
[230] Vgl. Kramarsch, M.H. (2004), S. 133.
[231] Vgl. von Hören, M (2009), S. 82.; Nastansky, A./Lanz, R. (2010b), S. 14.
[232] Vgl. Towers Watson (2010), S. 6.
[233] Vgl. Franke, G. / Hein, J. (2008), S. 5.
[234] Vgl. Klein, W. (2008), S. 79.
[235] Vgl. Nastansky, A./Lanz, R. (2010b), S. 17.
[236] Vgl. Gehle, N. (2008), S. 61f.
[237] Vgl. Gehle, N. (2008), S. 62f.; von Hören, M (2009), S. 82.

4.3. Fehlanreize in Banken als Ursache der finanzwirtschaftlichen Krisen seit 2007

In den letzten Jahrzehnten mussten sich Banken weltweit neuen Herausforderungen stellen. Dazu gehörten veränderte Kundenbedürfnisse, zunehmender Wettbewerb um Kunden und eine Dynamisierung der Märkte als Folge der Globalisierung. Um weiterhin gewinnbringend zu arbeiten, sind viele Banken größere Risiken eingegangen. Dazu gehörte in den USA im Commercial Banking die Kreditvergabe an Schuldner mit niedriger Bonität für deutlich überbewertete Immobilien.[238] Gleichzeitig verkaufte das Investment Banking diese Forderungen als forderungsverbriefte Wertpapiere an Investoren im Inland und Ausland weiter. Diese sog. Asset-Backed-Securities (ABS) versprachen eine hohe Rendite und wurden aus diesem Grund auch von Banken in Deutschland und dem übrigem Europa gekauft. Aufgrund enorm gestiegener Zinsen in den USA im Jahr 2007 sind die dahinter steckenden Kredite oft geplatzt, was auch zu Verlusten bei Anlagen in den ABS geführt hat. Die sich daraus ergebende Krise, die sich weltweit von Banken auch auf Unternehmen der Realwirtschaft ausgeweitet hat, wird als Subprime-Krise bezeichnet. Ab dem Jahr 2010 traf diese Krise auch Staaten und Regierungen, insbesondere im Euroraum. Diese Krise wird als Staatsschuldenkrise bezeichnet.

Ein Grund für die Vergabe von sog. „faulen" Krediten und den Weiterverkauf der ABS war das Ziel der Banker, überdurchschnittlich hohe Gewinne für die Bank zu erwirtschaften, um hohe Bonuszahlungen zu erhalten.[239] Rückblickend ist somit eine falsche Anreizgestaltung im Bankensektor erkennbar.[240] Dies zeigt sich zum einen an der zu lockeren Kreditvergabe der US-amerikanischen Banken als auch an dem Verkauf der intransparenten ABS an nicht ausreichend informierte Investoren.[241] Bei beiden Sachverhalten ist die Problematik des Moral Hazard, also das Ausnutzen von Informationsasymmetrien erkennbar.[242] Die Motivation der Banker war der Erhalt von variablen Entgeltbestandteilen, die an kurzfristigen Erfolgen gemessen und oftmals bar ausgezahlt wurden.[243] Zugrunde liegende Bemessungsgrößen des Unternehmenserfolges waren risikolose Kennzahlen wie der Gewinn vor Steuern (EBIT), der Gewinn pro Aktie (EPS) oder der Return on Equity (ROE).

---

[238] Vgl. Bartmann, P./Buhl, H.U./Hertel, M. (2009), S. 127ff.
[239] Vgl. Terliesner, S. (2009), S. 56.
[240] Vgl. Nastansky, A./Lanz, R. (2010a), S. 39.
[241] Vgl. Bartmann, P./Buhl, H.U./Hertel, M. (2009), S. 141ff.
[242] Vgl. Rudolph, B. (2008)
[243] Vgl. Nastansky, A./Lanz, R. (2010a), S. 39.

In Banken ist es aber wegen der besonderen Bedeutung der Übernahme von Risiken als wesentliche Aufgabe notwendig, risikoadjustierte Kennzahlen als Erfolgsmessung zu nehmen. Mögliche Kennzahlen sind der Risk Adjusted Return on Capital (RAROC), eine weiterentwickelte Form des Return on Capital (ROC), der Value-at-Risk (VaR) oder der Economic Profit (EP).[244] So wurde die um das eingegangene Risiko angepasste Erfolgsmessung vernachlässigt.[245].

Neben der besonderen Berücksichtigung von Risiken ist es im Bankensektor wichtig, nachhaltige Geschäfte zu betreiben, was auch durch eine aktuelle Studie der Unternehmensberatung Hostettler, Kramarsch & Partner gezeigt wird.[246] Hier wird der Vorteil der Kombination mit dem Stakeholder Value und nicht mit dem Shareholder Value deutlich.[247] Die Bemessungsgrundlagen der variablen Anteile waren aber kurzfristiger Art, meist nur basierend auf einem Jahr.[248] Aufgrund dieser Fehlanreize wurden die Vergütungssysteme zu einem systematischen Risiko der Banken.[249]

4.4. Internationale Standards und nationale gesetzliche Rahmenbedingungen für Vergütungssysteme in Banken

4.4.1. Standards des Financial Stability Boards

Als Folge der Subprime-Krise und in Anbetracht der falschen Anreizsteuerung in Banken wurde international eine Reihe von Ansätzen angestoßen, um die Vergütungssysteme in Banken längerfristig und risikoangepasst auszurichten. Insbesondere die Sicherung von Banken durch Staaten hat diesen Prozess beschleunigt.

Zu den wichtigsten Ansätzen gehören die Beschlüsse des FSB, des Financial Stability Board (zu dt. Rat für Finanzstabilität). Erstmals wurden diese im April 2009 als Prinzipien für solide Vergütungspraktiken veröffentlicht.[250] Darauf aufbauend wurden 19 Standards für solide Vergütungspolitik im Finanzsektor vom FSB beim G-20-Treffen in Pittsburgh am 25. September 2009 formuliert. Diese lauten übersetzt:[251]

---

[244] Vgl. Filbert, D./ Klein, W./ Kramarsch, M.H. (2009), S. 526.
[245] Vgl. Nastansky, A./Lanz, R. (2010b), S. 24.
[246] Vgl. Sebald, H./Knab-Hägele, P./Lünstroth, P./Hammen, A. (2013), S. 19.
[247] Vgl. ebd.
[248] Vgl. Nastansky, A./Lanz, R. (2010b), S. 24.
[249] Vgl. Schütt, M. (2009), S. 19.
[250] Vgl. FSF (2009), S. 1.
[251] Vgl. FSB (2009), S. 2ff.

- die effektive Steuerung der Vergütungspolitik durch die Unternehmensführung (1-2),
- die Sicherung der Kapitalbasis (3),
- die effektive Anpassung der Vergütungsstruktur an die umsichtige Übernahme von Risiken (4-14),
- Berichtspflichten im Rahmen eines jährlichen Vergütungsreports (15) sowie
- die effektive Überwachung der institutseigenen Vergütungssysteme durch die Aufsichtsbehörden (16-19).

Die Umsetzung innerhalb der Teilnehmerstaaten war verpflichtend.[252] Den nationalen Aufsichtsbehörden wurde in Zusammenarbeit mit dem FSB die Aufgabe der Überwachung dieser Standards in die Praxis übertragen. Bis März 2010 sollten diese Standards konkretisiert und in große Banken und Versicherungen implementiert werden.[253] So sollte aufsichtsrechtlich sichergestellt werden, die Vergütungssysteme nachhaltig und an den Erfolg der Banken auszurichten.[254]

Ziel der Vergütungsstandards des FSB ist es aber nicht, konkrete Vorgaben für die Vergütungsstrukturen zu machen z.B. Höchstgrenzen für den variablen Anteil an der Gesamtvergütung oder für die Gesamtvergütung im Allgemeinen auszusprechen. Die Gestaltung der Vergütungssysteme soll nach wie vor von den Zielen, Geschäften, Erfolgen und der Unternehmenskultur der einzelnen Bank abhängig sein.[255] Nur bei Fehlverhalten sollen die Aufsichtsbehörden dabei intervenieren können. So ist es z.B. möglich, dass bei notleidenden Banken, die Hilfe seitens des Staates erhalten, gezahlte Boni nachträglich gekürzt werden.

Neben den Führungskräften in Banken rücken vor allem Mitarbeiter durch die Standards in den Mittelpunkt, deren Hauptaufgabe die Verwaltung von besonders risikoreichen Positionen ist. Diese werden auch als Key Risk Taker bezeichnet. So soll sichergestellt werden, dass nicht nur die Entscheider an nachhaltigen Erfolgen interessiert sind. Zielkonflikte zwischen strategisch orientierten Führungskräften und operativ tätigen Mitarbeitern werden so vermieden.

---

[252] Vgl. FSB (2009), S. 1.
[253] Vgl. Nastansky, A./Lanz, R. (2010b), S. 31.
[254] Vgl. G-20 (2009), S. 8f.
[255] Vgl. FSB (2009), S. 3f.

Die FSB-Grundsätze wurden in Europa nahezu identisch in der Richtlinie zur Änderung der EU- Banken- und Kapitaladäquanzrichtlinie (CRD III) umgesetzt[256], damit diese in allen europäischen Staaten (nicht nur in den europäischen Staaten der G-20) Bestand haben.

4.4.2. Nationale Umsetzung der FSB-Standards in Deutschland

Noch bevor die FSB-Standards in Deutschland gesetzlich verankert wurden, verabschiedete die Bundesregierung eigene Maßnahmen zur langfristigen und angemessen Ausrichtung der Vergütung. Diese sollten eine Zwischenlösung bis zur gesetzlichen Verankerung der FSB-Standards bzw. CRD III-Richtlinie darstellen. Zu den wesentlichen gehörten das Gesetz zur Angemessenheit der Vorstandsvergütung (VorstAG) vom 5. August 2009[257], das Rundschreiben der BaFin vom 21. Dezember 2009[258] sowie die Institutsvergütungsverordnung (InstitutsVergV) vom 27. Juli 2010.[259]

Grundsätzlich ist die Forderung einer angemessen Vorstandsvergütung bereits seit 1937 im deutschen Aktiengesetz (AktG) verankert, sodass ausreichend Zeit zur Konkretisierung dieser Forderung bestand.[260] Die Finanzkrise hat jedoch gezeigt, dass eine gesonderte gesetzliche Regelung notwendig ist.

Das Gesetz zur Angemessenheit der Vorstandsvergütung ist thematisch in vier Aspekte teilbar und beinhaltet folgende Punkte:[261]

- Regelungen zum Selbstbehalt: diese ermöglichen es einem Unternehmen, die Vorstandsvergütung bei wirtschaftlicher Verschlechterung zu senken oder den Vorstand bei Haftungsverstößen an max. 10% eines wirtschaftlichen Schadens teilhaben zu lassen, jedoch bis max. zum 1,5 fachen seiner jährlichen Grundvergütung.
- Regeln zu Angemessenheit, Nachhaltigkeit und Langfristigkeit: die variable Vergütung soll an den langfristigen Unternehmenserfolg geknüpft werden. Hierzu werden die Sperrfristen von Aktienoptionen von 2 Jahren auf 4 Jahren angehoben.

---

[256] Vgl. EU-Richtline 2010/76 (2010), S. 329/3.
[257] Vgl. VorstAG (2009), S. 2509.
[258] Vgl. BaFin (2009), S. 1.
[259] Vgl. InstitutsVergV (2010), S. 1374.
[260] Vgl. Lücke, M. (2005), S. 692ff.
[261] Vgl. Koch, R./Stadtmann, G. (2010), S. 4f.

- Regelungen, die auf mehr Qualität in der Arbeit der Aufsichtsräte abzielen: der gesamte Aufsichtsrat muss über die Vorstandsvergütung entscheiden und für seine Angemessenheit haften. Vor dieser Gesetzesänderung war dafür ein Ausschuss des Aufsichtsrates ausreichend.
- Regelungen bezüglich der Transparenz.

Das VorstAG wurde für die Vorstände börsennotierter Unternehmen konzipiert. Es liefert wichtige Impulse für die richtige Gestaltung der Vorstandsvergütung börsennotierter Banken, ignoriert jedoch alle anderen Mitarbeiter von Banken unterhalb der Vorstandsebene sowie alle Banken, die nicht die Rechtsform der Aktiengesellschaft haben.

Im Dezember 2009 veröffentlichte die Bundesaufsicht für Finanzen (BaFin) ein Rundschreiben zu den aufsichtsrechtlichen Anforderungen an die Vergütungssysteme von Instituten.[262] Dieses Rundschreiben forderte die Banken dazu auf, ihre Vergütung an die Risiken von Banken anzupassen und am langfristigen Erfolg auszurichten.[263]

Die InstitutsVergV knüpfte daran an und setzte somit die Standards des FSB erstmals gesetzlich in Deutschland um. Die BaFin erhielt eine höhere Eingriffsbefugnis. Sie richtet sich grundsätzlich an alle deutschen Kreditinstitute und fordert in ihren allgemeinen Anforderungen folgendes für alle Mitarbeiter:[264]

- Angemessenheit der Vergütungssysteme und Ausrichtung auf Institutsstrategien und -ziele (§3(1)),
- Anforderungen an Vergütung der Geschäftsleiter (§3(2)),
- Vermeidung von Anreizen zur Eingehung von unverhältnismäßig hohen Risiken (§3(3)): Anreize mit unverhältnismäßig hohen Risiken sind gegeben, wenn es eine signifikante Abhängigkeit des Mitarbeiters vom variablen Anteil gibt oder der variable Anteil auch bei Beendigung der Tätigkeit gezahlt wird (§3(4)),
- Verhältnis von fixer und variabler Vergütung: dabei darf keine Abhängigkeit des Mitarbeiters vom variablen Anteil bestehen, gleichzeitig soll der variable Anteil einen Anreiz darstellen (§3(5)),
- Vergütung der Kontrolleinheiten (§3(6)),

---
[262] Vgl. BaFin (2009), S. 1.
[263] Vgl. BaFin (2009), S. 1f.; Nastansky, A./Lanz, R. (2010b), S. 34.
[264] Vgl. InstitutsVergV (2010), S. 1375.

- Verbot von garantierter variabler Vergütung (§3(7)),
- Verbot von Absicherungsmaßnahmen zur Einschränkung oder Aufhebung der Risikoorientierung der Vergütung (§3(8)),
- Offenlegung der Vergütung (§3(9)),
- Jährliche Information des Verwaltungs- oder Aufsichtsorgans durch die Geschäftsleitung (§3(10)),
- Grundsätze in den Organisationsrichtlinien (§3(11)),
- Sicherung der Eigenmittelausstattung (§4).

Des Weiteren gibt es noch strengere Auflagen für bestimmte Mitarbeiter von sog. bedeutenden Kreditinstituten, die bestimmte Proportionalitätskriterien erfüllen.[265] Die Kriterien dieser Banken lauten Größe und Bilanzsumme des Instituts. Banken unter 10 Mrd. EUR Bilanzsumme gelten als unbedeutend, Banken zwischen 10 Mrd. und 40 Mrd. EUR Bilanzsumme müssen eine eigene Risikoeinschätzung vornehmen und Banken mit einer größeren Bilanzsumme als 40 Mrd. EUR gelten als bedeutend. So wird der unterschiedlichen Bankenlandschaft in Deutschland Rechnung getragen und es kann vermieden werden, dass kleine Kreditinstitute einen zu hohen Aufwand betreiben. Allerdings gehören laut dieser Definition nur 23 von ca. 1800 Banken in Deutschland zu den bedeutenden Instituten.[266]

Bei den Mitarbeitern der „bedeutenden" Institute werden alle Geschäftsleiter und die sog. Key Risk Taker zu den strengeren Auflagen einbezogen. Die Deutsche Bank hat z.B. 1.215 Mitarbeiter in 36 Ländern von insgesamt 98.219 Mitarbeitern weltweit identifiziert, für die die besonderen Anforderungen gelten.[267] Mit 1,24% ist dieser Anteil an der Gesamtmitarbeiteranzahl sehr gering.

Zu den besonderen Anforderungen für bedeutende Institute gehört eine noch stärkere Reglementierung der Auszahlung der variablen Vergütung.[268] 40% bis 60% (je nach Hierarchiestufe) der variablen Vergütung müssen auf einen Zeitraum von drei bis fünf Jahren gestreckt werden, um eine langfristige Anreizgestaltung zu ermöglichen. Die Ausbezahlung soll dabei aktienbasiert oder durch eine ähnliche Form erfolgen, grundsätzlich muss eine Koppelung an betriebswirtschaftliche Zahlen erfolgen. Bei negativen

---

[265] Vgl. ebd.
[266] Vgl. WirtschaftsWoche (2013a), S. 1.
[267] Vgl. Deutsche Bank (2013b), S. 1.; Deutsche Bank (2013a), S. 1.
[268] Vgl. InstitutsVergV (2010), S. 1376.

Entwicklungen soll auch ein Abzug bei den Bonuszahlungen möglich sein.[269] Diese Form wird auch als Malus oder Clawback bezeichnet.[270] So soll sichergestellt werden, dass im Sinne der verhaltenswissenschaftlichen Ansätze negative Anreize Fehlverhalten von Bankern vermeiden.

4.5. Aktuelle Vergütungsentwicklungen nach der Regulierung

Aufgrund der umfangreichen regulatorischen Anpassungen sind Banken seit 2011 verpflichtet, ihre Vergütungssysteme neu auszurichten. Die Praxis zeigt jedoch, dass ein Umdenken noch nicht überall stattgefunden hat. Verdeutlicht wird dies mit Hilfe einer Berechnung der Nachrichtenagentur Reuters unter 35 untersuchten Banken in Europa und den USA. Die Personalkosten sind in 2012 demnach insgesamt um 10 Mrd. EUR auf 275 Mrd. EUR gestiegen.[271] Auch die Vergütung pro Kopf ist bei zwei Dritteln der untersuchten Banken gestiegen[272] und beträgt im Durchschnitt ca. 87.400 EUR.[273] Das Verhältnis von Personalausgaben zu Erträgen der Bank (sog. Compensation Ratio) ist bei 18 untersuchten Banken gestiegen.[274] Die Entwicklung der steigenden Personalausgaben lässt sich darauf zurückführen, dass die Grundgehälter in Banken gestiegen sind.

Diese Tendenz zeigt sich besonders im volatilen Investment Banking. Zwar sind die Gesamtvergütungen in diesem Geschäftsbereich zwischen 2007 und 2011 um 30 % gefallen, was eine Studie der Londoner Association for Financial Markets in Europe zeigt.[275] Die Fixgehälter sind in dem gleichen Zeitraum aber von 30% auf 55% gestiegen, während der Baranteil der variablen Vergütung um zwei Drittel gesenkt wurde.[276]

In 2012 ist dieser Trend der sinkenden Gesamtvergütungen im gesamten Bankenbereich nicht mehr erkennbar. So sind die Personalkosten um 200 Mio. EUR auf 6,4 Mrd. EUR gestiegen.[277] Bei der Deutschen Bank betrug der Bonuspool im Jahr 2012 3,2 Mrd. EUR und war somit nur 11 % niedriger als in 2011 mit 3,6 Mrd.[278] Gleichzeitig ist der Ge-

---

[269] Vgl. ebd.
[270] Vgl. Terliesner, S. (2009), S. 57f.
[271] Vgl. WirtschaftsWoche (2013b), S. 1.
[272] Vgl. ebd.
[273] Vgl. Die Welt (2013a), S. 1.
[274] Vgl. WirtschaftsWoche (2013b), S. 1.
[275] Vgl. Die Bank (o.J.a), S. 1.
[276] Vgl. ebd.
[277] Vgl. WirtschaftsWoche (2013b), S. 1.
[278] Vgl. Handelsblatt (2013b), S. 1.

winn nach Steuern mit 665 Mio. EUR aber um 85% niedriger ausgefallen als in 2011 mit 4,3 Mrd. EUR.[279]

Die Banken begründen die steigenden Personalausgaben und die weiterhin relativ hohen Boni in 2012 mit zwei Argumenten:[280] Zum einen sind aufgrund Stellenkürzungen hohe Abfindungen zu zahlen. Zum anderen sind die Boni aus 2012 nachgelagerte Bonuszahlungen aus dem Jahre 2009. Diese zugesagten Bonuszahlungen aus vorherigen Perioden wurden ausgezahlt, obwohl Banken - wie das Beispiel der Deutschen Bank zeigt - z.T. weniger erfolgreich gearbeitet haben als im Vorjahr. Die geforderte Nachhaltigkeit der Vergütungssysteme wird zwar insofern umgesetzt, dass Bonuszahlungen um einige Jahre verzögert bezahlt werden. Ob aber auch schlechtere Ergebnisse die nachgelagerten Boni im Sinne der Nachhaltigkeit schmälern, ist fraglich, da der Mangel an qualifizierten Mitarbeitern seit der Finanzkrise von 2008 gestiegen ist.[281] Zumindest bei der Deutschen Bank war dies in 2012 nicht der Fall. In Kapitel 5 wird diese Frage exemplarisch für die UBS AG aufgegriffen.

Im Fokus der Nachhaltigkeit laut InstitutsVergV stehen vor allem die sog. bedeutenden Institute auf Bankenseite sowie die Key Risk Taker auf Mitarbeiterseite innerhalb der bedeutenden Institute. Nach einer Studie zeigt sich aber, dass der Großteil der Banken in Deutschland ihre Vergütungssysteme grundsätzlich nachhaltiger gestaltet.[282] Dabei wurde auch die Vergütung von Mitarbeitern einbezogen, die keine Key Risk Taker sind. 78% der bedeutenden Institute und 60% der nicht bedeutenden Institute haben demnach ihre Vergütungssysteme für Mitarbeiter, die keine Key Risk Taker sind, nachhaltiger gestaltet.[283] Oftmals wurde die Vergütung der Non-Key Risk Taker der Vergütung der Key Risk Taker sogar angepasst. Grundsätzlich ist dieser Trend zu begrüßen. Gründe für die Neugestaltung der Vergütungspraktiken sind z.B. Forderungen von Anteilseignern bzw. Kapitalgebern, öffentlicher Druck und der damit verbundene schlechte Ruf. Dieser führt bei einer Bank zu Vertrauensverlusten und so zum Verlust von (Neu-)Kunden. Grundsätzlich ist es auch möglich, dass die Banken den Wert eines nachhaltigen Vergütungssystems erkannt haben. Allerdings ist bei vielen Banken der Grad der geforderten Nachhaltigkeit oft nicht ausreichend.

---

[279] Vgl. ebd.
[280] Vgl. Die Welt (2013a), S. 1.; Handelsblatt (2013b), S. 1.
[281] Vgl. Scholz, C. (2011), S. 175.
[282] Vgl. Die Bank (o.J.b), S. 1.
[283] Vgl. ebd.

So sind die Bemessungsgrößen der nachhaltigen Vergütungskomponenten eher finanzielle Kennzahlen, nur jede zweite Bank verwendet nicht-finanzielle Kennzahlen wie z.B. Kundenzufriedenheit.[284] Die nicht finanziellen Kennzahlen werden von den klassischen finanziellen Kennzahlen dominiert. Die risikoadjustierten Kennzahlen wie der RAROC oder der EP werden nicht von allen Banken verwendet.[285] Die Auszahlung der nachhaltigen Boni richtet sich in den meisten Banken lediglich nach dem Unternehmenserfolg des vorangegangen Jahres oder sogar dem des Auszahlungsjahres.[286] Eine tatsächliche Nachhaltigkeit wird so nicht erreicht. Festzuhalten ist also, dass nach wie vor eine falsche Anreizgestaltung in Banken vorherrscht.

Eine Studie zum Thema „Performance Management Monitor" der Unternehmensberatung Hostettler, Kramarsch & Partner (HKP) von Ende 2012 unter 139 Personalexperten aus Unternehmen mit durchschnittlich 1.350 Mitarbeitern ergab, dass besonders Personaler in Banken nicht zufrieden mit ihrem Vergütungssystem sind.[287] Neben der Herausforderung der volatilen Ergebnisentwicklungen wird besonders bemängelt, dass die besonderen Regulierungen für Banken eher eine Hürde darstellen und so zielführende Konzepte verworfen werden müssen.[288] Dies kann eine Begründung dafür sein, dass die geforderte Nachhaltigkeit unternehmensweit eingeführt wird, da eine tatsächliche Differenzierung der Vergütung einen noch höheren Aufwand bedeutet.

Eine weitere aktuelle Studie, die im Juni 2013 veröffentlicht wurde, ist besonders erschreckend. Diese Umfrage des britischen Chartered Institute of Personnel and Development (CIPD) unter 1000 Mitarbeitern im britischen Finanzsektor fand heraus, dass 80% aller befragten Banker der Meinung sind, zu viel zu verdienen.[289] Unter den Führungskräften im Bankensektor sind immerhin zwei Drittel der befragten Bankenmanager dieser Meinung.[290] Zwei Drittel aller Befragten wissen nicht, wie die Leistungsbemessung in ihrer Bank gestaltet ist. Es geht sogar so weit, dass zwei Drittel aller Befragten davon ausgehen, dass das Belohnungssystem der eigenen Bank die Mitarbeiter dazu verleite, kurzfristig zu handeln und teilweise Regeln zu brechen.[291]

---

[284] Vgl. ebd.
[285] Vgl. ebd.
[286] Vgl. ebd.
[287] Vgl. Sebald, H./Knab-Hägele, P./Lünstroth, P./Hammen, A. (2013), S. 19.
[288] Vgl. ebd.
[289] Vgl. The Wall Street Journal (2013), S. 1.
[290] Vgl. ebd.
[291] Vgl. ebd.

Ein weiterer Kritikpunkt ist die Intransparenz der Vergütung von Bankern, die nicht zu den Mitarbeitern nach der InstitutsVergV gehören.[292] Da nur ein geringer Anteil der Mitarbeiter von Banken zu diesen gehört (bei der Deutschen Bank sind es z.B. nur 1,24%), gelten für diese Mitarbeiter nur die allgemeinen Anforderungen der Instituts-VergV. Die Anforderungen aus diesem Teil sind jedoch nicht konkretisiert genug. Für den Mitarbeiter bedeutet eine fehlende Transparenz vor dem Hintergrund der VIE-Theorie eine fehlende Instrumentalität der Handlung. Dies stellt motivationstheoretisch ein Problem dar.

Die These der mangelnden Transparenz der Vergütungssysteme in Deutschland wird durch eine im Mai 2013 veröffentlichte Studie der Unternehmensberatung Hostettler, Kramarsch & Partner (HKP) gestützt.[293] Diese Studie untersuchte die Vergütungssysteme in den 50 größten Banken Deutschlands in 2012, also einem Jahr nach Einführung der InstitutsVergV. Auch werden wichtige Vergütungsinformationen zu spät veröffentlicht und sind oft nur schwer auffindbar. Nur 58% der Banken geben Informationen über die Leistungsmessung an, besonders bei dem Kernthema Nachhaltigkeit scheinen viele Banken in Deutschland noch überfordert.[294]

Ab dem 01.01.2014 ist im Rahmen von CRD IV, dem Nachfolger der derzeit gültigen Richtline über Vergütungspraktiken in Banken, mit noch strengeren Auflagen zu rechnen.[295] So dürfen Boni nur in Ausnahmefällen höher als die Grundvergütung sein.

Einige große Banken, darunter die Deutsche Bank oder die UBS aus der Schweiz, haben diese Kritikpunkte und Trends erkannt und daher im Vorfeld neue Vergütungssysteme auf den Weg gebracht. Die Deutsche Bank wird dieses als wesentlichen Bestandteil einer neuen Unternehmenskultur implementieren, indem bei der Bonusberechnung eher weiche Faktoren wie die Kunden- oder Mitarbeiterzufriedenheit berücksichtigt werden.[296] Boni sollen nach oben hin begrenzt und über mehrere Jahre gestreckt werden.

Die UBS hat ihr neues Vergütungssystem in 2012 implementiert und Anfang 2013 in einem Vergütungsbericht veröffentlicht. Die aktuellen Entwicklungen in der Vergütungspraxis von Banken am Beispiel der UBS sollen im folgenden Kapitel 5 anhand

---

[292] Vgl. Wirtschaftswoche (2013a), S. 1.
[293] Vgl. HKP (2013), S. 1.
[294] Vgl. ebd.
[295] Vgl. Schmitt, K. (2013), S. 12.
[296] Vgl. Handelsblatt (2013a), S. 1.

eines Vergleiches der Vergütungsberichte von 2011 und 2012 untersucht werden. Dabei soll die Frage beantwortet werden, ob dieses System Wirkung erzeugt hat und tatsächlich Nachhaltigkeit fördert oder ob es - analog zu den Studien von HKP und CIPD - wirkungslos bleibt.

Zum besseren Verständnis werden die Erkenntnisse aus Kapitel 4 jedoch noch einmal zusammengefasst.

4.6. Zwischenfazit

Als Vermittler zwischen Geldangebot und Geldnachfrage nehmen Banken eine übergeordnete Rolle für die globale Wirtschaft ein. Gerade vor dem Hintergrund der Wichtigkeit dieser Branche ist eine korrekte Anreizsteuerung der Bankmitarbeiter mit weitreichenden Konsequenzen für die Institute, aber auch für andere Unternehmen verbunden.

Grundsätzlich spielen leistungs- und erfolgsorientierte Vergütungssysteme eine wichtige Rolle in der modernen Vergütungspraxis von Banken. Die Motive für die Einführung dieser Systeme mit variablen Entgeltbestandteilen sind sowohl in der Verhaltenswissenschaft als auch in der Betriebswirtschaft auffindbar. So gehören die Steigerung von Motivation und Leistung, die bessere Identifikation mit den Zielen der Bank als auch die Steuerung im Sinne der Eigenkapitalgeber der Bank entscheidende Rollen für die Anreizsteuerung. Verstärkt durch die Dynamisierung des Bankensektors und den Wettbewerb um die besten Mitarbeiter der Branche in den letzten Jahrzehnten haben leistungs- und erfolgsorientierte Entgeltbestandteile dabei Höhen angenommen, die aber nicht im Verhältnis zu variablen Vergütungsbestandteilen in der wissenschaftlichen Theorie stehen. Vor allem kurzfristige Bonuszahlungen mit nicht risikoangepassten Bemessungsgrößen haben dabei teilweise exzessive Höhen angenommen. Die Tatsache, dass bei Erfolgen Boni gezahlt wurden, bei Misserfolgen jedoch keine Mali zur Geltung kamen, führte zum Eingehen von risikoreichen Geschäften. Diese Boni wurden für viele Banker wesentlicher Teil der Gesamtvergütung. Dies wird durch die Entwicklung an der Wall Street deutlich, an der z.T. die Banker bis zu 90% ihrer Gesamtvergütung in kurzfristiger variabler Vergütung erhielten. Die so entstandene inkorrekte Anreizsteuerung war eine von mehreren Auslösern für die finanzwirtschaftliche Krise seit 2007, die als Subprime-Krise bezeichnet wird.

Die Gesetzgeber der größten Staaten der Welt haben auf diese Entwicklung reagiert, indem sie internationale Regularien eingeführt haben. Diese wurden von den einzelnen Teilnehmerstaaten in nationale Gesetze übersetzt. Ziel dieser Regularien war es, die Vergütungspraktiken in den Banken umzugestalten. Diese Umgestaltung sollte die Vergütungen nachhaltiger gestalten und an den risikoadjustierten Unternehmenserfolgen anknüpfen. Eine höhere Transparenz war das Ziel. Problematisch an diesen regulatorischen Vorgaben ist, dass nur ein geringer Anteil aller Banken auch von den strikten Vorgaben betroffen war/ist. So ist eine weitreichende Änderung der Vergütung aufgrund gesetzlicher Vorgaben nicht zwingend notwendig. Die Umsetzung der geforderten Ziele wurde nicht erreicht.

Dennoch hat ein großer Teil der Banken weltweit seine Vergütungspraktiken geändert. Hintergrund dafür sind z.B. Forderungen der Anteilseigner, öffentlichkeitswirksame Gründe oder tatsächlich die Erkenntnis, dass eine nachhaltige Anreizgestaltung langfristig nutzenstiftender für das Unternehmen ist. Möglich ist aber auch, dass eine grundlegende Änderung des Vergütungssystems einen geringeren Aufwand bedeutet als eine differenzierte Überarbeitung.

Die Schweizer Bank UBS hat im Jahr 2012 ein neues Vergütungssystem eingeführt. Dieses wird mit Hilfe eines Vergleiches der Vergütungsberichte 2011 und 2012 im Folgenden untersucht.

5. Aktuelle Entwicklungen von Vergütungssystemen in Banken am Beispiel der UBS AG

5.1. Hintergrund und Zielsetzung der Einführung eines neuen Vergütungssystems in der UBS AG

Die UBS AG ist eine Schweizer Universalbank in der Gesellschaftsform einer Aktiengesellschaft mit Hauptsitzen in Zürich und Basel.[297] Sie betreut mit 62.628 Mitarbeitern (Stand 31.12.2012) weltweit Privat- und Firmenkunden in sechs verschiedenen Geschäftsbereichen.[298] Diese lauten Wealth Management, Wealth Management Americas, Investment Bank, Global Asset Management, Retail & Corporate und Corporate Cen-

---

[297] Vgl. UBS (2013a), S. 1.
[298] Vgl. UBS (2013b), S. 2.

ter.[299] Mit einer Bilanzsumme von 1.259 Mrd. CHF gehört sie laut FSB zu den systemisch bedeutsamen Finanzinstituten und unterliegt daher strengeren Auflagen der Vergütungspraktiken.[300]

Unter den Großbanken weltweit gehört sie zu den größten Verlierern der Finanzkrise.[301] Sie hat zwischen 2007 und 2009 insgesamt Verluste i.H.v. 29 Mrd. CHF (ca. 23,5 Mrd. EUR) geschrieben und musste daher Unterstützung des Staates in Anspruch nehmen. Sie war in mehrere Skandale verwickelt, die dem Ruf der Bank geschadet haben. Dazu gehörte der Verlust i.H.v. ca. 2 Mrd. CHF (ca. 1,6 Mrd. EUR) des Mitarbeiters Kweku Adoboli mit unabgesicherten Spekulationsgeschäften.[302] Ein weiterer Skandal war die Verwicklung der UBS in den sog. Libor-Skandal.[303] Dabei haben Mitarbeiter den Interbanken-Referenzzinssatz Libor manipuliert, um höhere Gewinne für die UBS zu erzielen. Neben der UBS waren auch andere Banken wie z.B. die Deutsche Bank und die britische Bank Barclays in diesen Skandal involviert. Die Strafe für die UBS war mit insgesamt 1,4 Mrd. CHF (ca. 1,15 Mrd. EUR) aber die mit Abstand höchste Strafe für alle verwickelten Banken.[304] Nach Gewinnen in den Jahren 2010 und 2011 hat die UBS in 2012 daher wieder einen Verlust i.H.v. 2,5 Mrd. CHF (ca. 2 Mrd. EUR) erzielt.[305] Ein derzeit aktueller Vorwurf an die UBS lautet, dass diese - ebenfalls mit anderen Banken wie der Credit Suisse und der Deutschen Bank - den Markt für Kreditausfallversicherungen manipuliert haben soll.[306] Ein großer US-amerikanischer Pensionsfonds bereitet daher aktuell eine Klage gegen die UBS vor.

Die Bank reagiert auf die Verluste der letzten Jahre mit Einsparungen im Investment Banking.[307] 2007 hatte die Bank noch ca. 83.000 Mitarbeiter, derzeit etwa 62.000 Mitarbeiter. 10.000 weitere Mitarbeiter sollen gekündigt werden, der Großteil aus dem Investment Banking.

---

[299] Vgl. UBS (2013c), S. 22.
[300] Vgl. FSB (2011), S. 4.
[301] Vgl. Manager Magazin (2013a), S. 1.
[302] Vgl. Spiegel Online (2012), S. 1.
[303] Vgl. Manager Magazin (2013b), S. 1.
[304] Vgl. ebd.
[305] Vgl. Manager Magazin (2013a), S. 1.
[306] Vgl. Rehberger, R. (2013), S. 2.
[307] Vgl. Manager Magazin (2013b), S. 1.

Vor allem hat die UBS AG aufgrund der jüngsten negativen Erfahrungen erkannt, dass sie Defizite bei ihrer Unternehmenskultur hat.[308] Neben den Verlusten und Skandalen war das Ergebnis der Generalversammlung der UBS über den Vergütungsbericht 2011 am 03.05.2012 dafür mitentscheidend. Dieser wurde dort zwar angenommen, fast 40% der Aktionäre lehnten ihn jedoch ab.[309] Dies stellt ein deutliches Zeichen gegen die von vielen Aktionären als zu hoch empfundenen Bonuszahlungen dar.

Um einen weitreichenden Kulturwandel zu unterstützen, hat sie daher im Jahr 2012 das neue Vergütungssystem implementiert.[310] Dieses soll einen Fokus auf die nachhaltige Unternehmensentwicklung legen und so eine kurzfristig orientierte Denk- und Handlungsweise der Mitarbeiter unterbinden. Eine erhöhte Risikofreude soll vermieden werden.

Die Änderungen umfassen z.B. eine Kürzung des Bonuspools gegenüber 2011 um 7% auf 2,5 Mrd. CHF (ca. 2 Mrd. EUR). Damit ist der Bonuspool auf dem niedrigsten Stand seit Beginn der Finanzkrise und ca. 42% niedriger als in 2010.

Weiterhin sollen die Boni längerfristiger und nachhaltiger gezahlt werden. Um eine höhere Transparenz zu erreichen, gibt es statt vier nur noch zwei Vergütungspläne für die Leiter und andere Mitarbeiter der Bank. Diese lauten Equity Ownership Plan (EOP) und Deferred Contingent Capital Plan (DCCP). Die genauere Bestimmung und Abgrenzung dieser Pläne erfolgt in der folgenden Untersuchung.

Des Weiteren soll die Frage beantwortet werden, inwiefern das neue Vergütungssystem das Ziel, langfristige und nachhaltige Anreize zu setzen, erfüllen kann.

5.2. Untersuchung der Vergütungsentwicklung in der UBS

Die folgende Untersuchung beschäftigt sich mit den Mitarbeitern der fünf weltweit agierenden Unternehmensbereichen Wealth Management, Investment Bank, Global Asset Management, Retail & Corporate und dem Corporate Center.[311] Der lediglich in den USA agierende Bereich Wealth Management Americas wird hier nicht behandelt, da er in den Vergütungsberichten gesondert behandelt wird.

---

[308] Vgl. Die Welt (2013b), S. 1.
[309] Vgl. Tagesanzeiger (2012), S. 1.
[310] Vgl. Die Welt (2013b), S. 1.
[311] Vgl. UBS (2013c), S. 22.

5.2.1. Grundlegende Entwicklungstendenzen der Vergütung

Die Gesamtvergütung in der UBS AG ist in zwei Bestandteile aufgeteilt, in die Grundvergütung sowie in den variablen Anteil. Dieser variable Anteil hängt von dem Konzernergebnis, dem Ergebnis des Unternehmensbereiches und der individuellen Leistung des Mitarbeiters ab.[312] Insofern ist dieser variable Anteil, wie in der Theorie dargestellt, grundsätzlich leistungs- als auch erfolgsorientiert.

Die Leistungsbeurteilung zur Ermittlung der variablen Vergütung erfolgt in der UBS nach finanziellen und nicht-finanziellen Zielen, um eine nachhaltige Leistung zu fördern.[313] Hierzu werden Punkte wie die Stärkung des Kundenfokus, der Nachweis von Führungsqualitäten, die Förderung von Teamarbeit, das Bekennen zu den Unternehmenswerten sowie ethisches Verhalten gezählt.[314] Hier wird ein starker Bezug zum Stakeholder Value-Ansatz und zur 360-Grad-Beurteilung deutlich. Grundsätzlich ist diese Form der Leistungsbeurteilung für die Förderung von nachhaltigem Verhalten von einzelnen Mitarbeitern sehr gut geeignet. Im Vergütungsbericht wird jedoch nicht explizit geschildert, wie sich die Leistungsbeurteilung auf die Zusammensetzung von leistungsorientierter Vergütung auswirkt. Ferner wird betont, dass die leistungsabhängige Zuteilung nach dem alleinigen Ermessen der UBS AG erfolgt und dass bewusst auf Formeln und Gewichtungen verzichtet wird.[315] Die fehlende Darstellung der Umsetzung der Leistungsbeurteilung nach dem Stakeholder Value-Ansatz bzw. nach der 360-Grad-Beurteilung lässt eher Rückschlüsse darauf zu, dass diese Ansätze in der Praxis der Leistungsbeurteilung der UBS AG nicht gelebt werden.

Die für den variablen Anteil maßgebliche Messung des Unternehmenserfolges erfolgt mithilfe von verschiedenen Kriterien. Dazu gehört der risikoadjustierte Gewinn mit verschiedenen Schlüsselkennzahlen, die das Kredit-, das Markt-, das Liquiditäts-, das operationelle und das Reputationsrisiko berücksichtigen.[316] Auch wird die Performance im Branchenvergleich überprüft. Dazu hat die UBS eine Gruppe mit vergleichsweise großen Banken mit ähnlichem Geschäftskonzept und räumlicher Nähe gebildet.[317] In 2012 wurde diese Gruppe aktualisiert und um vier Institute erweitert.[318] Im Vergleich zu

---
[312] Vgl. UBS (2013d), S. 13.
[313] Vgl. UBS (2013d), S. 8.
[314] Vgl. ebd.
[315] Vgl. UBS (2013d), S. 14.
[316] Vgl. UBS (2013d), S. 9.
[317] Vgl. UBS (2013d), S. 10f.
[318] Vgl. ebd.

der Leistungsbeurteilung wird die Unternehmenserfolgsmessung im Vergütungsbericht deutlicher erläutert. So wird auch dargestellt, wie die Erfolge der unterschiedlichen Geschäftsfelder risikogewichtet gemessen werden. Als Beispiele dienen im Global Asset Management das Auftreten signifikanter Risikoereignisse oder im Investment Banking die Anzahl der Tage, an denen die zulässige Value-at-Risk-Limite überschritten werden.[319] Der VaR wird innerhalb eines festgelegten Zeitraumes berechnet als erwartete maximale negative monetäre Veränderung (maximaler erwarteter Verlust) des Marktwertes eines Portfolios, die sich aus üblichen Volatilitäten ergibt.[320] Die Risikogewichtung ist - wie im Laufe der Arbeit dargestellt - besonders für Banken notwendig und daher richtig. So kann auf Basis der geeigneten Risikogewichtung die richtige Höhe der variablen Anteile definiert werden, die auf dem Erfolg der Bank basiert.

Insgesamt erhielten im Jahr 2012 von insgesamt 62.628 Mitarbeitern der UBS 46.732 Mitarbeiter einen variablen Vergütungsanteil. Zusätzlich sind die 7.059 Finanzberater für das Wealth Management Americas (WMA), des US-amerikanischen Organisationbereiches der UBS AG, zu addieren. Das Restergebnis i.H.v. 8.837 zeigt die Anzahl der Mitarbeiter ohne variable Vergütung.[321] Dies entspricht einer Prozentangabe von 85,89% der Mitarbeiter mit variabler Vergütung.

In Vorjahr 2011 erhielten von 64.820 Mitarbeitern[322] 50.620 Mitarbeiter variable Vergütungsanteile zusätzlich zu den 6.969 WMA Finanzberatern.[323] Dies entspricht einer Anzahl von 7.231 Mitarbeitern ohne variable Vergütung bzw. einer Quote von 88,84% der Mitarbeiter mit variabler Vergütung. Festzuhalten ist also, dass der Anteil der Mitarbeiter, die variable Vergütung erhalten, von 2011 auf 2012 um 2,95% gesunken ist.

Der Bonuspool in 2012 betrug 2,522 Mrd. CHF, davon wurden jedoch ausschließlich 1,724 Mrd.[324] CHF als tatsächliche variable Vergütung im Sinne einer Leistungs- und Erfolgsorientierung an die 46.732 Empfänger ausbezahlt.[325] Dies ergibt eine durchschnittliche variable Vergütung von 36.891 CHF pro Empfänger. Insgesamt betrug die

---

[319] Vgl. UBS (2013d), S. 14.
[320] Vgl. Wolke, T. (2008), S. 31.
[321] Vgl. UBS (2013d), S. 34.
[322] Vgl. UBS (2013b), S. 2.
[323] Vgl. UBS (2012), S. 29.
[324] 424 Mio. Franken sind andere variable Vergütungen wie Abfindungen und Zahlungen zur Bindung von Mitarbeitern, weitere 374 Millionen beziehen sich auf die Vergütung der WMA Finanzberater.
[325] Vgl. UBS (2013d), S. 34.

Grundvergütung der Mitarbeiter in 2012 6,814 Mrd. CHF[326], im Schnitt also 108.801 CHF. Das Verhältnis von variabler Vergütung zur Grundvergütung beträgt in 2012 also etwa 1:3 im Gesamtinstitut.

In 2011 betrug der Bonuspool 2,568 Mrd. CHF, lediglich 1,807 Mrd. CHF gehören dabei zum tatsächlich leistungsbezogenen Anteil der variablen Vergütung für 50.635 Empfänger.[327] Im Schnitt macht das einen variablen Anteil von 35.686 CHF aus. Die variable Vergütung pro Mitarbeiter ist also um ca. 3,4% in 2012 gestiegen. Die Grundvergütung mit 6.589 Mrd. CHF beträgt pro Mitarbeiter ca. 101.650 CHF.[328] Das Grundgehalt ist also von 2011 auf 2012 um 7.151 CHF bzw. 7,03% gestiegen. Das Verhältnis von variabler Vergütung zu Grundvergütung beträgt in 2011 ca. 1:3,5 im Gesamtinstitut.

Den größten Teil der variablen Vergütung in der gesamten UBS machen in beiden Jahren die bar ausbezahlten leistungsabhängigen Zuteilungen, also Bonuszahlungen aus. In 2012 sind dies mit 1,411 Mrd. CHF ca. 81,84%[329], in 2011 mit 1,514 Mrd. CHF 83,79%.[330]

	CHF in 2012	CHF in 2011	Empfänger in 2012	Empfänger in 2011
Grundgehalt	6.814 Mio.	6.859 Mio.	62.628	64.820
Bar ausbezahlter variabler Anteil	1.411 Mio.	1.514 Mio.	46.709	50.620
Aufgeschobener variabler Anteil	313 Mio.	293 Mio.	6.317	6.514
Gesamtpool für leistungsabhängige Zuteilungen	1.724 Mio.	1.807 Mio.	46.732	50.635

Tabelle 1: Übersicht über die Entwicklung der Vergütung in der UBS AG[331]

Da die Boni ausschließlich kurzfristig orientiert sind, ist eine hohe Nachhaltigkeit der variablen Vergütung für das Gesamtinstitut nicht zu erkennen. Für die Gruppe der 11

---
[326] Vgl. UBS (2013d), S. 37.
[327] Vgl. UBS (2012), S. 29.
[328] Vgl. UBS (2012), S. 32.
[329] Vgl. UBS (2013d), S. 37.
[330] Vgl. UBS (2012), S. 29.
[331] Quelle: eigene Darstellung in Anlehnung an: UBS (2012), S. 29ff./UBS (2013d), S. 32ff.

Konzernleitungsmitglieder[332], 501 Key Risk Takers[333] und 6317 Mitarbeiter[334] mit einer Gesamtvergütung von über 250.000 CHF ist die geforderte Nachhaltigkeit grundsätzlich möglich. Die Begründung ist die Gültigkeit der neuen Vergütungspläne für diese Mitarbeitergruppen. Diese Pläne werden daher im Folgenden untersucht.

5.2.2. Untersuchung der überarbeiteten Vergütungspläne

Noch im Jahr 2011 verfügte die UBS über vier verschiedene Vergütungspläne. Um eine höhere Transparenz gewährleisten zu können, wurden diese für 2012 auf zwei Pläne reduziert. Diese beiden Pläne - der bereits in 2011 vorhandene und überarbeitete Equity Ownership Plan (EOP) und der komplett neue Deferred Contingent Capital Plan (DCCP) - gelten ausschließlich für die Mitarbeitergruppe der Konzernleitungsmitglieder, Key Risk Takers und Mitarbeiter mit einer Gesamtvergütung von über 250.000 CHF. Dieser Freibetrag i.H.v. 250.000 CHF wurde von der UBS AG festgelegt.

Der EOP ist ein Vergütungsplan, der einen leistungs- bzw. erfolgsorientierten Vergütungsbestandteil aufgeschoben auszahlt.[335] Die Auszahlung erfolgt in aufgeschobenen UBS-Aktien bzw. Aktienanwartschaften. Dieser variable Anteil wird bei Konzernleitungsmitgliedern ab dem Jahr 3 bis zum Jahr 5 in drei Tranchen zu 14%, 13% und 13% der variablen Vergütung über dem Betrag von 250.000 CHF ausgezahlt. Bei allen anderen berechtigten Mitarbeitern erfolgt die Auszahlung in zwei Tranchen zu jeweils 15% in Jahr 2 und Jahr 3 (in 2011 bei jeweils 20% in den Jahren 2, 3 und 4 für alle Empfänger).

---

[332] Vgl. UBS (2013d), S. 18.
[333] Vgl. ebd.
[334] Vgl. UBS (2013d), S. 34.
[335] Vgl. UBS (2013d), S. 23.

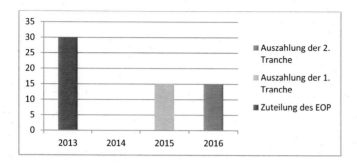

Abbildung 8: Darstellung des EOP für Nicht-Konzernleitungsmitglieder[336]

Da die aufgeschobene Auszahlung bei Mitarbeitern einschließlich der Key Risk Takers lediglich 30% der leistungsorientierten Auszahlung oberhalb des Freibetrages i.H.v. 250.000 CHF beträgt[337], ist eine hohe Nachhaltigkeit bezüglich der zeitlichen Perspektive nicht vorhanden. Verdeutlicht wird dies durch folgendes Beispiel: Angenommen die Gesamtvergütung eines Mitarbeiter i.H.v. 300.000 CHF setzt sich aus 100.000 CHF Grundvergütung und 200.000 CHF variablen Anteil zusammen. Demnach erhält er als leistungsorientierten Anteil 185.000 bar (150.000 bis zum Freibetrag von 250.000 + 70% von 50.000). Lediglich 15.000 CHF werden in zwei Tranchen in Jahr 2 und Jahr 3 zu je 7.500 CHF aufgeschoben bezahlt. Die Ausrichtung an einen langfristigen Unternehmenserfolg ist demnach aus Sicht eines extrinsisch motivierten Mitarbeiters nur aufgrund des EOP nicht sinnvoll.

Die Zahlung des EOP ist an Performance-Bedingungen des Konzerns sowie des Unternehmensbereiches gebunden.[338] Die Messung des Konzernergebnisses basiert auf der durchschnittlichen Rendite des Eigenkapitals abzüglich Goodwill und anderer immaterieller Vermögenswerte. Als Goodwill wird im Rechnungswesen der Firmenwert eines Unternehmens bezeichnet, der auf nicht messbaren Werten basiert wie z.B. Gewinnaussichten, Kundenpotenzialen etc.[339] Die verwendete Kennzahl wird als Group Return on Tangible Equity (RoTE) bezeichnet.[340] Der dazugehörige Schwellenwert, damit der EOP gezahlt wird, ist auf 6% festgesetzt. Die Messung der Unternehmensergebnisse erfolgt auf der durchschnittlichen Rendite des Eigenkapitals (Return on Average Equity,

---

[336] In Anlehnung an: UBS (2013d), S. 24.
[337] Vgl. ebd..
[338] Vgl. UBS (2013d), S. 24.
[339] Vgl. Alka, B. (2008), S. 5.
[340] Vgl. UBS (2013d), S. 24.

RoAE). Die RoAE-Schwellenwerte sind je nach Unternehmensbereich bei 40% im Wealth Management und bis 10% im Corporate Center.

Sollten diese Werte für den Gesamtbereich und/oder für einen Unternehmensbereich unterschritten sein, wird die Anzahl der ausgegebenen Aktien - im Verhältnis zur Unterschreitung - reduziert.[341] Kritisch ist, dass der vorgegebene RoTE für den Gesamtkonzern sehr niedrig und damit leicht erreichbar ist. So erzielte die UBS in 2012 einen RoTE von 8%[342], obwohl sie insgesamt einen Verlust i.H.v. 2,5 Milliarden Franken gemacht hat. Da die UBS vor 2012 keinen RoTE ausgewiesen hat[343], ist eine weitere Einordnung dieses Wertes innerhalb der UBS nicht möglich.

Ein weiterer Kritikpunkt an den Performance-Bedingungen ist die Tatsache, dass diese nur bei Konzernleitungsmitgliedern, General Managing Directors (Leitungsmitglieder der einzelnen Unternehmensbereiche), Key Risk Takers und sog. hoch bezahlten Mitarbeitern gelten. Letztere werden definiert als Mitarbeiter mit einer leistungsabhängigen Zuteilung von mehr als 2 Mio. CHF.[344] Insofern werden nur sehr wenige Mitarbeiter - wenn auch einflussreiche Entscheidungsträger der UBS - von möglichen Kürzungen aufgrund Performance-Bedingungen tangiert. Mitarbeiter mit einer Gesamtvergütung zwischen 250.000 CHF und 2.000.000 CHF haben daher auch bei einer Unterschreitung der Performance Anspruch auf den EOP.

Der zweite Vergütungsplan lautet Deferred Contingent Capital Plan (DCCP) und ist wesentlicher Bestandteil des neuen Vergütungssystems. Auch der DCCP gilt nur für Mitarbeiter mit einer Gesamtvergütung, die 250.000 CHF übersteigt.[345] Der variable Anteil, der diese Grenze der Gesamtvergütung i.H.v. 250.000 CHF übersteigt, wird zu 30% als DCCP ausgezahlt. Bei Mitgliedern der Konzernleitung beträgt der Anteil 40%. In 2012 erhielten so 6.317 Mitarbeiter eine Auszahlung in Form eines DCCP.[346]

Beim DCCP erhalten die Mitarbeiter nominelle Schuldtitel mit einer Laufzeit von fünf Jahren und mit jährlich gezahlten Zinszahlungen. Voraussetzung für die jährliche Zinszahlung ist aber, dass ein bereinigter Vorsteuergewinn erzielt wurde. Der Zins unterliegt

---

[341] Vgl. UBS (2013d), S. 25.
[342] Vgl. UBS (2013d), S. 26.
[343] Vgl. ebd.
[344] Vgl. UBS (2013d), S. 23.
[345] Vgl. UBS (2013d), S. 27.
[346] Vgl. ebd.

ansonsten Verfallsbedingungen. Diese basieren auf Renditen auf den Verfall eines marktgehandelten verlustabsorbierenden Schuldtitels. Für 2012 beträgt der Zinssatz so für auf Franken lautende Zuteilungen 5,4%. Damit ist dieser niedriger als der Zinssatz für marktgehandelte Schuldtitel mit 7,625%.

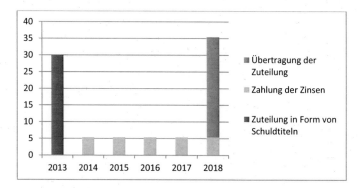

Abbildung 9: Darstellung des DCCP für Nicht-Konzernleitungsmitglieder[347]

Kritisch bei den Verfallsbedingungen ist, dass der bereinigte Vorsteuergewinn für die UBS leicht erzielbar ist. So machte die UBS in 2012 einen Verlust i.H.v. 2,5 Mrd. CHF, erzielte dennoch einen bereinigten Vorsteuergewinn i.H.v. 3,0 Mrd. CHF.[348] Hintergrund war die hohe Wertberechtigung aus immateriellen Anlagen und Goodwill und eine Neubewertung des eigenen Kreditrisikos. In 2011 erzielte die UBS einen bereinigten Vorsteuergewinn i.H.v. 3,4 Mrd. CHF.[349]

Nach fünf Jahren werden die Zuteilungen an den Mitarbeiter unter zwei Voraussetzungen übertragen. Die erste Voraussetzung lautet, dass die Basel-III-Kernkapitalquote (Common Equity Tier 1) nicht unter 7% gefallen ist.

Die Erfüllung dieser Vorgabe ist für die UBS aber grundsätzlich notwendig. Der Grund liegt an der als Basler Eigenkapitalvereinbarung bekannten regulatorischen Vorgabe, für eine bestimmte Eigenkapitalunterlegung Sorge zu tragen.[350] Die seit dem 01.01.2013 gültige Vorgabe Basel III sieht vor, dass sich die Zusammensetzung der Eigenkapitalunterlegung ändert. Neu ist, dass der Anteil an dem sog. harten Kernkapital ansteigen

---

[347] In Anlehnung an: UBS (2013d), S. 27.
[348] Vgl. UBS (2013d), S. 32.
[349] Vgl. ebd.
[350] Vgl. Hull, J. (2011), S. 276.

muss.[351] So muss dieses bis Ende 2018 laut Basel III definitiv 7% betragen. Für die UBS und die Credit Suisse gelten sogar strengere Ausnahmeregelungen. Die Schweizer Aufsichtsbehörde Finma hat für diese beiden Banken eine Vorgabe der harten Kernkapitalquote von 10% vorgegeben, da beide als systemrelevant eingestuft werden. Diese Vorgabe wird als „Swiss Finish" bezeichnet".[352] Da bis Ende 2018 die Kernkapitalquote von 10% erfüllt sein muss, ist davon auszugehen, dass die UBS alle Möglichkeiten nutzen wird, um diese Vorgabe zu erfüllen. So betrug die Kernkapitalquote der UBS zum 31.12.2011 6,7%, zum 31.12.2012 9,8%.[353] Möglich war dies durch die Reduktion von risikogewichteten Aktiva, d.h. die Vermeidung der Kreditvergabe an Schuldner mit schlechter Bonität. Eine Auszahlung der DCCP-Zuteilung im Fälligkeitszeitpunkt ist möglich, wenn dieser Wert gehalten werden kann.

Die zweite Voraussetzung ist, dass kein Viability-Ereignis eintritt.[354] Darunter wird ein Ereignis definiert, das eine Insolvenz, einen Konkurs oder einen Zahlungsausfall der UBS zur Folge hätte. Vor dem Hintergrund der sehr hohen Eigenkapitalausstattung der UBS ist dies ceteris paribus unwahrscheinlich.

Die sehr hohe Wahrscheinlichkeit der Erfüllung beider Voraussetzung unter sonst gleichen Bedingungen senkt die Relevanz der Performance-Bedingungen des DCCP. So wird die Auszahlung der Zuteilungen sehr wahrscheinlich. Als Vergütungsbestandteil, das risikoangepasst ausgezahlt wird und so Nachhaltigkeit fördert, eignet sich der DCCP daher nur bedingt.

5.3. Kritische Würdigung der Ergebnisse

Bei der Vermittlung zwischen Geldangebot und Geldnachfrage sind Glaubwürdigkeit und Seriosität für Banken existenziell, um das Vertrauen der Schuldner und Gläubiger gewinnen und halten zu können. Die UBS AG hat in den letzten Jahren aufgrund ihrer dargestellten negativen Schlagzeilen einiges an diesen Werten einbüßen müssen.

Insofern hat sie richtigerweise erkannt, dass ein Wandel ihrer Unternehmenskultur von Nöten ist, um wieder glaubwürdig und nachhaltig Bankgeschäfte betreiben zu können. Als wesentliches Element dieses neuen kulturellen Wandels steht daher das neue Vergü-

---

[351] Vgl. Paul, S. (2011), S. 50f.
[352] Vgl. Neue Zürcher Zeitung (2013), S. 1.
[353] Vgl. UBS (2013d), S. 30.
[354] Vgl. UBS (2013d), S. 27.

tungssystem besonders im Fokus. So soll ein nachhaltigeres und langfristig orientiertes Verhalten der Mitarbeiter der UBS gefördert werden.

Die Untersuchung der überarbeiteten Vergütungssysteme innerhalb der UBS AG hat aber ergeben, dass diese Nachhaltigkeit durch das neue Vergütungssystem nicht gewährleistet werden kann. Dies hat mehrere konkrete Ursachen:

Für die meisten Mitarbeiter spielt das neue Vergütungssystem keine Rolle, da dies ausschließlich für Konzernleitungsmitglieder, Key Risk Takers und Mitarbeiter ab einer Gesamtvergütung von 250.000 CHF bzw. 2.000.000 CHF vorgesehen ist. Der Großteil der Mitarbeiter (85,89%) erhielt in 2012 nach wie vor Bonuszahlungen, die in den letzten Jahren seit der Finanzkrise aufgrund ihrer kurzfristigen Orientierung und ihrer teils exzessiven Höhe in der Kritik standen.

Des Weiteren wird die Kürzung des Bonuspools um 7% durch die Steigerung der Grundvergütung um 7% kompensiert.

Die Performance-Bedingungen der Vergütungspläne sind ebenfalls kritisch zu betrachten. Die Schwellenwerte der Performance-Bedingungen, insbesondere der RoTE, sind leicht erreichbar. So sind beide Orientierungen des EOP Vergütungsplans, die Leistungs- als auch die Erfolgsorientierung, nicht dienlich, um Nachhaltigkeit zu fördern. Die Performance-Bedingungen des DCCP für die laufende Zinszahlung als variable Vergütung, also der bereinigte Vorsteuergewinn, sind ebenfalls leicht erreichbar. Außerdem sind die Vorgaben, die Schuldtitel nach fünf Jahren zu übertragen, wesentliche Vorgaben aus regulatorischen Verpflichtungen. So wird die UBS diese definitiv erfüllen wollen und dementsprechend alles daran setzen, dies auch zu erreichen. Die Übertragung der Schuldtitel nach fünf Jahren ist somit lediglich positiver Nebeneffekt der Erfüllung von regulatorischen Vorgaben.

Dieses Wissen über die leicht erreichbaren Performance-Hürden bzw. über das Ziel, diese Vorgaben auch aus regulatorischen Gründen erfüllen zu müssen, ist einem gewöhnlichem Aktionär oder Kunden der UBS AG nicht zwingend ersichtlich. Vor dem Hintergrund der Prinzipal-Agenten-Theorie ist daher hidden knowledge zu erkennen.

Die Nachhaltigkeit wird in der UBS AG durch das neue Vergütungssystem demnach nicht ausreichend gefördert. Zwar ist das System - vor allem der DCCP aufgrund der

Ausweitung auf fünf Jahre - ein erster Schritt in die strategischere Ausrichtung der Vergütung. Ein neues Umdenken und langfristiger orientiertes Verhalten der Mitarbeiter wird aber wohl kaum erreicht. Dies liegt vor allem an der Beschränktheit der neuen Systematik auf einen sehr geringen Mitarbeiterpool.

6. Fazit und Ausblick

Aufgrund der zentralen Rolle, die Banken für die Weltwirtschaft einnehmen, ist die korrekte Anreizgestaltung für Mitarbeiter einer Bank von entscheidender Bedeutung. Ziel dieser Anreizgestaltung muss sein, die Interessen der Mitarbeiter langfristig und dauerhaft mit den Interessen der Bank zu verknüpfen.

Dabei müssen unterschiedliche Betrachtungen eingenommen werden, um den verschiedenen Erklärungsansätzen für menschliches Verhalten gerecht zu werden. So müssen motivationstheoretische Gesichtspunkte beachtet werden. Hierbei ist festzuhalten, dass extrinsische Anreize - vor allem materieller Art - eher eine kurzfristige Wirkung erzielen. Dadurch wird tendenziell auch eher kurzfristiges Handeln gefördert, was eine große Herausforderung für Anreizsysteme darstellt. Ein weiteres Problem stellt die Verdrängung von intrinsischer Motivation dar.

Des Weiteren sind betriebswirtschaftliche Annahmen zu beachten. So wird bei der Orientierung der Leistung bzw. des Erfolges zwischen dem Shareholder Value-Ansatz und dem Stakeholder Value-Ansatz unterschieden. Die Messung dieser Ziele muss sich nach dem Ansatz richten, nach dem das gesamte Unternehmen ausgerichtet ist.

Die Ausnutzung von Informationsasymmetrien zwischen Unternehmen und Bank muss vermieden werden. Gleichzeitig sollten die damit verbundenen Agenturkosten, hier die Kosten der Einführung und Kontrolle eines Vergütungssystems, angemessen sein.

Unter Beachtung dieser Punkte können weitere theoretische Grundlagen für Vergütungssysteme aufgestellt werden. Dazu gehören grundsätzliche Anforderungen wie die Anreizkompatibilität, Transparenz und die Leistungsorientierung als wesentliche Anforderungen. Diese kann in Leistungsorientierung des Mitarbeiters und Erfolgsorientierung des Unternehmens unterteilt werden. Dementsprechend sind auch diese beiden Orientierungen zu messen, um eine tatsächlich leistungsgerechte Vergütung für den Mitarbeiter zu definieren. Beachtet werden sollte auch die richtige Zusammensetzung und Höhe des variablen Anteils der Vergütung, besonders im hierarchiebezogenen Kontext. Die zeitliche Ausrichtung des variablen Anteils spielt eine sehr entscheidende

Rolle, da diese den Erfolg oder Misserfolg von Nachhaltigkeit ausmacht. So muss ein nachhaltiges Vergütungssystem zwingend mittelfristig bis langfristig aufgebaut sein.

Aufgrund der dargestellten Ansätze aus der Verhaltenswissenschaft, der Betriebswirtschaftslehre und neuer Trends wie einer erhöhten Wettbewerbsintensität spielen leistungs- und erfolgsorientierte Vergütungssysteme in Banken eine zentrale Rolle.

Die Entwicklungen bis und während der Finanzkrise haben aber gezeigt, dass die theoretischen Modelle dieser Vergütungssysteme nicht ausreichend in der Bankenpraxis berücksichtigt wurden. So waren die variablen Vergütungsbestandteile vermehrt kurzfristiger Natur und teilweise überdurchschnittlich hoch, sodass sie bei bestimmten Mitarbeitergruppen unter Bankern den größten Anteil der Vergütung ausmachten. Auch wurden Gewinne, und damit die leistungs- und erfolgsorientierte Vergütung, nicht risikogewichtet bewertet. Folge davon war kurzfristiges Handeln der Banken z.B. bei der Vergabe von Immobilienkrediten an bonitätsschwache Kunden und der Weiterverkauf von minderbesicherten Krediten in Form von Wertpapieren.

Als Resultat der sich daraus entwickelten Finanzkrise haben Regierungen und Institutionen Vorgaben wie z.B. die FSB-Standards oder die Institutsvergütungsverordnung auf den Weg gebracht. Ziel war eine striktere Reglementierung der Vergütungssysteme und das damit verbundene nachhaltigere und sicherere Auftreten von Banken. Es hat sich jedoch gezeigt, dass die Banken diese Regulierung nicht konsequent verfolgt bzw. umgangen haben. So sind z.B. in vielen Banken die Bonuspools reduziert worden, während die Grundvergütungen gestiegen sind. Eine mangelnde Transparenz und Risikogewichtung ist weiterhin zu erkennen.

Nichtsdestoweniger haben einige Banken ihre Vergütungssysteme überarbeitet, darunter die Schweizer Bank UBS AG. Hintergrund waren hier eine Vielzahl von Skandalen um diese Bank und der damit verbundene Verlust an Glaubwürdigkeit. Ziel der neuen Vergütungssysteme war also die Erreichung einer höheren Nachhaltigkeit im Zusammenhang mit der Verbesserung der Unternehmenskultur. Dieses Ziel hat die UBS jedoch nicht erreicht. So wird nur ein kleiner Teil (etwa 10% aller Mitarbeiter) von den neuen Vergütungsplänen tangiert. Auch sind die Performance-Bedingungen dieser neuen Vergütungspläne nicht ausreichend.

So konnte die Lösung des Problems der Unternehmenskultur nicht nur durch die Einführung dieser neuen Vergütungspläne erreicht werden. Vielmehr sollte die UBS AG ein Vergütungssystem einführen, das tatsächliche Nachhaltigkeit für alle Mitarbeitergruppen und Hierarchien fördert.

So könnte das Problem von innen heraus gelöst werden. Alternative dazu ist eine weitere, striktere Reglementierung von außen, die Unternehmen wie Banken dazu zwingt, eine risikoangepasste und nachhaltigere Anreizsteuerung zu verfolgen. Aktuelles Beispiel ist hier die Minder-Initiative in der Schweiz, die eine Bestimmung von Gehaltsobergrenzen durch Aktionäre vorsieht. Dies sollte nicht im langfristigen Interesse eines Unternehmens liegen, da mit der Reglementierung von außen ein kleiner Macht- und Kontrollverlust über das eigene Unternehmen einhergeht.

Nichtsdestotrotz darf die ausschließliche Überarbeitung der Vergütung nicht der einzige Beitrag zur Kulturveränderung in einer Bank wie der UBS AG sein. Vielmehr sollten gemeinsame Werte in den Mittelpunkt rücken.

Literaturverzeichnis

Alka, B. (2008): Theorie und Praxis in der Rechnungslegung: Die Bilanzierung des Goodwill bei den Unternehmen des deutschen Aktienindex (DAX 30), Hamburg 2008

Bahnmüller, R. (2001): Stabilität und Wandel der Entlohnungsformen: Entgeltsysteme und Entgeltpolitik in der Metallindustrie, in der Textil- und Bekleidungsindustrie und im Bankgewerbe, München 2001

Bartmann, P./Buhl, H.U./Hertel, M. (2009): Ursachen und Auswirkungen der Subprime-Krise, In: Informatik Spektrum, 2009, April, S. 127-145.

Becker, A. (2008): Risikofrüherkennung im Kreditgeschäft, Heidelberg 2008

Becker, F.G. (1990): Anreizsysteme für Führungskräfte: Möglichkeiten zur strategisch-orientierten Steuerung des Managements, Stuttgart 1990

Becker, F.G./Kramarsch, M.H. (2006): Leistungs- und erfolgsorientierte Vergütung für Führungskräfte: Praxis der Personalpsychologie, Göttingen 2006

Beckmann, J./Heckhausen, H. (2010): Motivation durch Erwartung und Anreiz, In: Heckhausen, J./Heckhausen, H. (Hrsg.): Motivation und Handeln, 4. Aufl., Heidelberg 2010

Berthel, J./Becker, F.G. (2010): Personalmanagement: Grundzüge für Konzeptionen betrieblicher Personalarbeit, 9. Aufl., Stuttgart 2010

Bitz, M./ Stark, G. (2008): Finanzdienstleistungen: Darstellung, Analyse, Kritik, 8. Aufl., München 2008

Böhmer, N. (2006): Leistungs- und erfolgsorientierte Vergütung: Variabilisierungstendenzen im Tarifbereich deutscher Kreditinstitute, Diss., Düsseldorf 2006

Bontrup, H.-J. (2008): Lohn und Gewinn: Volks- und betriebswirtschaftliche Grundlagen, 2. Aufl., München 2008

Breisig, T. (2003): Entgelt nach Leistung und Erfolg: Grundlagen moderner Entlohnungssysteme, Frankfurt 2003

Bröckermann, R. (2012): Personalwirtschaft: Lehr- und Übungsbuch für Human Resource Management, 6. Aufl., Stuttgart 2012

Comelli, G./von Rosenstiel, L. (2009): Führung durch Motivation: Mitarbeiter für Unternehmensziele gewinnen, 4. Aufl., München 2009

Ebers, M./Gotsch, W. (2006): Institutionenökonomische Theorien der Organisation, In: Kieser, A./Ebers, M. (Hrsg.): Organisationstheorien, Stuttgart 2006

von Eckardstein, D. (2001): Handbuch variable Vergütung für Führungskräfte, München 2001

von Eckardstein, D./Konlechner, S. (2008): Vorstandsvergütung und gesellschaftliche Verantwortung der Unternehmung, München Mering 2008

Eyer, E. (2006): Mitarbeiter nach Leistung und Erfolg vergüten, Köln 2006

Franke, G./ Hein, J. (2008): Anreizsysteme für Bankmanager, in: ZEWnews, Dezember 2008, S. V-VI.

Frey, B.S./Osterloh, M. (2002): Managing Motivation: Wie Sie die neue Motivationsforschung für Ihr Unternehmen nutzen können, 2. Aufl., Wiesbaden 2002

Fricke, H.-G. (2009): Die Mitarbeiterbeurteilung, In: Nieder, P./Michalk, S. (2009): Modernes Personalmanagement: Grundlagen, Konzepte, Instrumente, Weinheim 2009

Filbert, D./ Klein, W./ Kramarsch, M.H. (2009): Top-Managementvergütung – Status quo, regulatorisches Umfeld und notwendige Evolutionen, In: Zeitschrift für das gesamte Kreditwesen, Nr. 11, S. 525-529.

Gehle, N. (2008): Variable Vergütungssysteme im Investment Banking in Deutschland, Hamburg 2008

Hartmann-Wendels, T./ Pfingsten, A./ Weber, M. (2010): Bankbetriebslehre, 5. Aufl., Berlin Heidelberg 2010

Heitmüller, H.-M. (1999): Erfolgsorientierte Anreize als Führungsaufgabe, In: Siebertz, P./von Stein, H.J. (Hrsg.): Handbuch Banken und Personal, Frankfurt 1999

Hentze, J./Graf, A./Kammel, A./Lindert, K. (2005): Personalführungslehre, 4. Aufl., Stuttgart 2005

Hentze, J./Kammel, A. (2001): Personalwirtschaftslehre 1, 7. Aufl., Stuttgart 2001

Holtbrügge, D. (2010): Personalmanagement, 4. Aufl., Berlin Heidelberg 2010

Holzamer, M. (2004): Shareholder-Value-Management von Banken, München 2004

von Hören, M. (2009): Wer verdient wie viel?, in: Die Bank, Heft 12, S. 78-82.

Hull, J. (2011): Risikomanagement: Banken, Versicherungen und andere Finanzinstitutionen, 2. Aufl., München 2011

Jung, H. (2011): Personalwirtschaft, 9. Aufl., München 2011

Kieser, H.-P. (2012): Variable Vergütung im Vertrieb: 10 Bausteine für eine motivierende Entlohnung im Außen- und Innendienst, Wiesbaden 2012

Klein, W. (2008): Sind Bonuskonzepte noch zeitgemäß?, in: Die Bank, Nr. 7, S. 79-81.

Koch, R./Stadtmann, G. (2010): Das Gesetz zur Angemessenheit der Vorstandsvergütung, Discussion Paper No. 288, European University Viadrina, Frankfurt (Oder) 2010

Kolb, M./Burkart, B./Zundel, F. (2010): Personalmanagement: Grundlagen und Praxis des Human Resources Managements, 2. Aufl., Wiesbaden 2010

Kosiol, E. (1962): Leistungsgerechte Entlohnung, 2. Aufl., Wiesbaden 1962

Kramarsch, M.H. (2004): Aktienbasierte Managementvergütung, 2. Aufl., Stuttgart 2004

Leu, D. (2005): Variable Vergütungen für Manager und Verwaltungsräte, Zürich 2005

Locarek-Junge, H./Imberger, K. (2006): Wertorientierte Anreizgestaltung: Ihre Umsetzung in der Praxis, In: Schweikart, N./Töpfer, A. (Hrsg.): Wertorientiertes

Management: Werterhaltung-Wertsteuerung-Wertsteigerung ganzheitlich gestalten, Berlin Heidelberg 2006

Lücke, O. (2005): Die Angemessenheit von Vorstandsbezügen - Der erste unbestimmbare unbestimmte Rechtsbegriff?, NZG, Jg. 2005, H. 17., S. 692-697.

Mankiw, N.G/Taylor, M.P. (2011): Grundzüge der Volkswirtschaftslehre, 5. Aufl., Stuttgart 2011

Meifert, M.T./von der Linde, B./von der Heyde, A. (2010): Psychologie für Führungskräfte, 3. Aufl., Freiburg 2010

Mensch, G. (2008): Finanz-Controlling: Finanzplanung und -kontrolle, 2. Aufl., München 2008

Messerschmidt, C.M./Berger, S.C./Skiera, B. (2010): Web 2.0 im Retail-Banking: Einsatzmöglichkeiten, Praxisbeispiele und empirische Nutzeranalyse, Wiesbaden 2010

Nastansky, A./Lanz, R. (2010a): Vergütungsanreize für nachhaltige Erfolge - Reform der erfolgs- und leistungsabhängigen Vergütung im Bankenwesen, In: Personalführung, 2010, Nr.5, S. 38-46.

Nastansky, A./Lanz, R. (2010b): Bonuszahlungen in der Kreditwirtschaft: Analyse, Regulierung und Entwicklungstendenzen, In: Statistische Diskussionsbeiträge der Wirtschafts- und Sozialwissenschaftlichen Fakultät der Universität Potsdam, Nr. 41

Nerdinger, F. W. (2003): Motivation von Mitarbeitern, Göttingen 2003

Nerdinger, F.W./Blickle, G./Schaper, N. (2011): Arbeits- und Organisationspsychologie, 2. Aufl., Berlin Heidelberg 2011

Nolte, B. (2006): Auswirkung des Strukturwandels auf die Personalentwicklung in Sparkassen, Diss., Wiesbaden 2006

Oechsler, W.A. (2011): Personal und Arbeit: Grundlagen des Human Resource Management und der Arbeitgeber-Arbeitnehmer-Beziehungen, 9. Aufl., München 2011

Olfert, K. (2012): Personalwirtschaft, 15. Aufl., Herne 2012

Paul, S. (2011): Umbruch der Bankenregulierung: Die Entwicklung des Baseler Regelwerks im Überblick, In: Hofmann, G. (Hg.), Basel III und MaRisk: Regulatorische Vorgaben, bankinterne Verfahren, Risikomanagement, Frankfurt 2011

Paul, S. (2012): Banken-, Wirtschafts-, Politikkrise - Wie konnte es soweit kommen? Hintergründe zur Entstehung von „Bad Banks", In: Bolder, M./Wargers, M. (Hrsg.), Modell „Bad Bank": Hintergrund - Konzept - Erfahrungen, Wiesbaden 2012

Rappaport, A. (1999): Shareholder Value: Ein Handbuch für Manager und Investoren, 2. Aufl., Stuttgart 1999

Rehberger, R. (2013): Schweiz: Großbanken stehen unter juristischem Dauerfeuer, In: SparkassenZeitung, 2013, Nr. 22, 76. Jahrgang, S. 2-3.

Rheinberg, F. (2008): Motivation, 6. Aufl., Stuttgart 2008

Ridder, H.-G. (2007): Personalwirtschaftslehre, 2. Aufl., Stuttgart 2007

Ridder, H.-G. (2009): Entlohnungs- und Gehaltssysteme, In: Nieder, P./Michalk, S. (2009): Modernes Personalmanagement: Grundlagen, Konzepte, Instrumente, Weinheim 2009

Saam, N.J. (2002): Prinzipale, Agenten und Macht: Eine machttheoretische Erweiterung der Agenturtheorie und ihre Anwendung auf Interaktionsstrukturen in der Organisationsberatung, Tübingen 2002

Sauter, W. (2010): Grundlagen des Bankgeschäftes, 9. Aufl., Frankfurt 2010

Schätzle, R.J. (2002): Sind Manager ihr Geld wert?: Wie wertorientierte Unternehmensführung funktioniert, Frankfurt 2002

Scherm, E./Süß, S. (2010): Personalmanagement, 2. Aufl., München 2010

Scheffer, D./Heckhausen, H. (2010): Eigenschaftstheorien der Motivation, In: Heckhausen, J./Heckhausen, H. (Hrsg.): Motivation und Handeln, 4. Aufl., Heidelberg 2010

Schmitt, K. (2013): Nach der Party, In: Personalmagazin, 2013, Nr. 07/13, S. 12-15.

Scholz, C. (2011): Grundzüge des Personalmanagements, München 2011

Schütt, M. (2009): Eckpunkte für die Vergütung von Managern, In: ifo Schnelldienst, 2009, Nr. 9, S. 17-21.

Sebald, H./Knab-Hägele, P./Lünstroth, P./Hammen, A. (2013): Stärker verknüpfen, In: Personalmagazin, 2013, Nr. 07/13, S. 16-19.

Seitz, H. (2010): Arbeitsmotivation und Arbeitszufriedenheit, Wien 2010

Terliesner, S. (2009): Wer Bonus will, muss Malus akzeptieren, In: Bankmagazin, 2009, Nr. 02/09, S. 56-58.

Towers Watson (2010): Vergütungspraxis in Banken 2009 - Eine quantitative und qualitative Bestandsaufnahme zum Vergütungsmanagement von Banken in Deutschland im Spiegel der Wirtschaftskrise, 2010

Velthuis, L.J./Wesner, P. (2005): Value Based Management: Bewertung, Performancemessung und Managemententlohnung mit ERIC, Stuttgart 2005

Villalobos Baum, T. (2010): Organisationales Lernen und Anreizsysteme nach dem Börsengang: Ein verhaltensorientierter Ansatz, Diss., Köln 2010

Weinert, A. B. (2004): Organisations- und Personalpsychologie, 5. Aufl., Weinheim 2004

Wenger, E. (1998): Aktienoptionsprogramme aus der Sicht des Aktionärs, In: Meffert, H./Backhaus, K. (Hrsg.): Stock Options and Shareholder Value, Dokumentationspapier Nr. 116 der Wissenschaftlichen Gesellschaft für Marketing und Unternehmensführung e.V., 1998

Winter, S. (1996): Prinzipien der Gestaltung von Managementanreizsystemen, Wiesbaden 1996

Wittmann, C.M. (2010): Investment Banking und Nachfolgeberatung der Sparkassen: Analyse von Effizienz und Notwendigkeit eines Leistungsangebots, Diss., Köln 2010

Wöhe, G./Döring, U. (2008): Einführung in die allgemeine Betriebswirtschaftslehre, 23. Aufl., München 2008

Wolke, T. (2008): Risikomanagement, 2. Aufl., München 2008

Internetquellenverzeichnis

BaFin (2009): Rundschreiben Aufsichtsrechtliche Anforderungen an die Vergütungssysteme von Instituten - 22/2009 (BA), Bonn/Frankfurt 2009
http://www.treasuryworld.de/sites/default/files/BaFin%20-%20Rundschreiben%2022-2009%20(BA)_Aufsichtsrechtliche%20Anforderungen%20an%20die%20Verg%C3%BCtungssysteme%20von%20Instituten.pdf
(abgerufen am 19.07.2013)

Deutsche Bank (2013a): Geschäftsbericht 2012: Mitarbeiter
https://geschaeftsbericht.deutsche-bank.de/2012/gb/lagebericht/mitarbeiter.html
(abgerufen am 23.05.2013)

Deutsche Bank (2013b): Geschäftsbericht 2012: Mitarbeiter nach InstitutsVergV
https://geschaeftsbericht.deutsche-bank.de/2012/gb/lagebericht/verguetungsbericht/mitarbeiternachinstitutsvergv.html
(abgerufen am 23.05.2013)

Die Bank (o.J.a): Gehälter im Investment Banking: Auf Risikokennzahlen kommt es an
http://www.die-bank.de/index.php?id=107&tx_ttnews%5Btt_news%5D=13213&cHash=b264bd567405fe75e22bb05f5f321573
(abgerufen am 28.05.2013)

Die Bank (o.J.b): Top-Banken in Deutschland: Auf dem Weg in eine neue Vergütungslandschaft
http://www.die-bank.de/index.php?id=107&tx_ttnews%5Btt_news%5D=13153&cHash=3c07becfde06fcc80bbef95f5e3ec9a6
(abgerufen am 28.05.2013)

Die Welt (2013a): Großbanken zahlten 2012 höhere Boni
http://www.welt.de/print/die_welt/wirtschaft/article114350989/Grossbanken-

zahlten-2012-hoehere-Boni.html
(abgerufen am 30.05.2013)

Die Welt (2013b): UBS eliminiert negative Aspekte ihrer Kultur
http://www.welt.de/newsticker/bloomberg/article112649078/UBS-eliminiert-negative-Aspekte-ihrer-Kultur-Orcel.html
(abgerufen am 06.06.2013)

EU-Richtline 2010/76 (2010): Richtline 2010/76/EU des Europäischen Parlaments und des Rates vom 24. November 2010
http://eur-lex.europa.eu/LexUriServ/LexUriServ.do?uri=OJ:L:2010:329:0003:0035:DE:PDF
(abgerufen am 19.07.2013)

FSB (2009): Financial Stability Board: Principles for Sound Compensation Practices - Implementation Standards, 25. September 2009
http://www.financialstabilityboard.org/publications/r_090925c.pdf
(abgerufen am 19.07.2013)

FSB (2011): Financial Stability Board: Policy Measures to Address Systemically Important Financial Institutions, 4. November 2011
http://www.financialstabilityboard.org/publications/r_111104bb.pdf
(abgerufen am 19.07.2013)

FSF (2009): Financial Stability Forum: Principles for Sound Compensation Practices, 2. April 2009
http://www.financialstabilityboard.org/publications/r_0904b.pdf
(abgerufen am 19.07.2013)

G-20 (2009): Leaders' Statement: The Pittsburgh Summit, 24. - 25. September 2009
http://ec.europa.eu/commission_2010-2014/president/pdf/statement_20090826_en_2.pdf
(abgerufen am 19.07.2013)

Handelsblatt (2013a): Hauptversammlung: Aktionäre nicken Vergütungsmodell der Deutschen Bank ab

http://www.handelsblatt.com/unternehmen/banken/hauptversammlung-aktionaere-nicken-verguetungsmodell-der-deutschen-bank-ab/8247866.html
(abgerufen am 04.06.2013)

Handelsblatt (2013b): Nach Gewinneinbruch: Boni der Deutschen Bank stoßen auf Kritik
http://www.handelsblatt.com/unternehmen/banken/nach-gewinneinbruch-boni-der-deutschen-bank-stossen-auf-kritik-seite-all/7730722-all.html
(abgerufen am 30.05.2013)

HKP (2013): Presseinformation von Hostettler, Kramarsch & Partner: Nachholbedarf in der Vergütungstransparenz von Banken, Frankfurt 2013
http://www.hkp.com/de/presse/pressetexte/deutschland/20130521_verguetungspublizitaet_topbanken2012.html
(abgerufen am 19.07.2013)

InstitutsVergV (2010): Verordnung über die aufsichtsrechtlichen Anforderungen an Vergütungssysteme in Instituten, In: Bundesgesetzblatt Jahrgang 2010 Teil I Nr. 50, ausgegeben zu Bonn am 12. Oktober 2010
http://www.bgbl.de/Xaver/text.xav?start=%2F%2F*%5B%40attr_id%3D'bgbl11 0s1374.pdf'%5D&skin=pdf&bk=Bundesanzeiger_BGBl&tf=xaver.component.Text_0&hlf=xaver.component.Hitlist_0
(abgerufen am 19.07.2013)

Manager Magazin (2013a): Bilanz 2012: Libor-Skandal brockt UBS Milliardenverlust ein
http://www.manager-magazin.de/unternehmen/banken/a-881487.html
(abgerufen am 05.06.2013)

Manager Magazin (2013b): Vergleich: UBS zahlt Rekordstrafe im Libor-Skandal
http://www.manager-magazin.de/unternehmen/banken/a-873743.html
(abgerufen am 20.07.2013)

Neue Zürcher Zeitung (2013): Vielfalt von Werten erschwert Vergleich: Schwer verdaulicher Eigenkapitalquoten-Salat
http://www.nzz.ch/aktuell/wirtschaft/wirtschaftsnachrichten/ungeniessbarer-

eigenkapitalquoten-salat-1.17988641
(abgerufen am 27.06.2013)

OSC (2013): Office of the State Comptroller: New York City Securities Industry Bonus Pool, 26. Februar 2013
http://www.osc.state.ny.us/press/releases/feb13/avgbonus.pdf
(abgerufen am 19.07.2013)

Spiegel Online (2009): Finanzkrise: Es hat alles einen Preis
http://www.spiegel.de/spiegel/a-653050-2.html
(abgerufen am 12.07.2013)

Spiegel Online (2012): Urteil im Zocker-Prozess: Ex-Banker Adoboli schuldig gesprochen
http://www.spiegel.de/wirtschaft/unternehmen/ex-banker-adoboli-schuldig-gesprochen-a-868261.html
(abgerufen am 05.06.2013)

Tagesanzeiger (2012): 38 Prozent der UBS-Aktionäre gegen Millionenboni
http://www.tagesanzeiger.ch/wirtschaft/unternehmen-und-konjunktur/38-Prozent-der-UBSAktionaere-gegen-Millionenboni/story/19646815
(abgerufen am 09.06.2013)

The Wall Street Journal (2013): Wir verdienen zu viel und wissen nicht warum
http://blogs.wallstreetjournal.de/die_seite_drei/2013/06/06/wir-verdienen-zu-viel-und-wissen-nicht-warum/
(abgerufen am 09.06.2013)

UBS (2012): UBS Vergütungsbericht 2011: Unsere Vergütung im Jahr 2011
http://www.ubs.com/global/de/about_ubs/investor_relations/annualreporting/2011.html
(abgerufen am 19.06.2013)

UBS (2013a): UBS in ein paar Worten
http://www.ubs.com/global/de/about_ubs/about_us/ourprofile.html
(abgerufen am 20.07.2013)

UBS (2013b): UBS in ein paar Zahlen: Jahreskennzahlen
http://www.ubs.com/global/de/about_ubs/about_us/keyfigures.html
(abgerufen am 06.06.2013)

UBS (2013c): Organigramm
http://www.static-ubs.com/global/de/about_ubs/about_us/ubs_group/group/_jcr_content/par/linklist_41f/link.390675016.file/bGluay9wYXRoPS9jb250ZW50L2RhbS91YnMvZ2xvYmFsL2Fib3V0X3Vicy9jb3Jwb3JhdGVfY292ZXJhYW5jZS9QcmdhbmlncmFtF tbV9kZXJfVUJTX0FHX2RlLnBkZg==/Organigramm_der_UBS_AG_de.pdf
(abgerufen am 18.07.2013)

UBS (2013d): UBS Vergütungsbericht 2012: Unsere Vergütung im Jahr 2012
http://www.ubs.com/global/de/about_ubs/investor_relations/annualreporting/2012.html
(abgerufen am 19.06.2013)

VorstAG (2009): Gesetz zur Angemessenheit der Vorstandsvergütung vom 31. Juli 2009, In: Bundesgesetzblatt Jahrgang 2009 Teil I Nr. 50, ausgegeben zu Bonn am 4. August 2009
http://www.bgbl.de/Xaver/start.xav?startbk=Bundesanzeiger_BGBl&start=//*[@attr_id='bgbl109s2509.pdf']#__Bundesanzeiger_BGBl__%2F%2F*%5B%40attr_id%3D'bgbl109s2509.pdf'%5D__1374330127087
(abgerufen am 20.07.2013)

WirtschaftsWoche (2013a): Deckelung der Bankergehälter: Warum die Bonus-Orgie weitergehen wird
http://www.wiwo.de/politik/europa/deckelung-der-bankergehaelter-warum-die-bonus-orgie-weitergehen-wird-seite-all/7855348-all.html
(abgerufen am 01.06.2013)

WirtschaftsWoche (2013b): Trotz Boni-Deckelung: Neue Gehaltssysteme sollen Bankergehälter hochhalten
http://www.wiwo.de/unternehmen/banken/trotz-boni-deckelung-neue-gehaltssysteme-sollen-bankergehaelter-

hochhalten/v_detail_tab_print/7908226.html

(abgerufen am 30.05.2013)

Zeit Online (2012): Banker-Boni: Alles wieder futsch

http://www.zeit.de/2012/36/Banken-Angestellte-Bonus

(abgerufen am 30.05.2013)